우리를 속이는 ———— 말들

우리를 속이는 ───── 말들

 낡은 말 속에는 잘못된 생각이 도사리고 있다

박홍순 지음

whale 🐳 books

우리는 말의 숲속에서 살아간다. 누구나 오늘 하루의 생활을 뒤돌아보면 말에서 말로 이어지는 시간이었음을 실감한다. 아침에 가족과 간단한 대화로 하루를 시작한다. 직장인이라면 회사에서 말로 업무를 논의하고, 학생이라면 학교에서 언어를 통해 교육을 받는다. 집으로 돌아와 밤에 혼자 있는 시간도 예외가 아니다. 타인과 거리를 둔 시간에도 현대인은 스마트폰, 티브이, 책 등을 본다. 대중매체를 통해 접하는 대부분 정보가 언어를 매개로 제공된다.

사회적 존재로서 인간은 의사소통 없이는 하루도 살아가기 힘들다. 말로 타인과 관계를 맺고 공동체를 유지한다. 태어나는 순간부터 현재까지 일상에 말이 자연스레 스며들었기 때문에, 자신이 말 안에서 살아감을 의식하지 못하는 정도다. 마치 매 순간 숨을 쉬거나 움직이면서도 이를 의식하지 못하는 것과 마찬가지다.

걸을 때 두 팔과 두 다리는 자연스럽게 번갈아 가며 앞뒤로 향한다. 팔다리는 내가 행동하고자 하는 의도에 따라 자연스럽게 움직이는 수단이다. 대체로 우리는 말도 팔다리의 역할과 마찬가지로 생각을 표현하는 도구일 뿐이라고 여긴다. 누가 뭐래도 생각이 주인이고, 언어는 단지 주인 명령에 의해 움직이는 하인이나 수단이라고 생각한다. 말은 사물과 현상을 그대로 설명해 준다고 믿는다. 언어에 대한 신뢰가 거의 절대적이다.

　하지만 실제 진실은 상당히 다르다. 생각을 말로 표현하는 것만큼이나 말을 통해 생각한다. 언어는 선택적 기능이 아니다. 무엇이라도 좋으니 지금 머릿속에 논리적 흔적을 갖는 어떤 생각을 떠올려보라. 대부분 언어를 매개로 구성되었음을 발견한다. 심지어 몇 년 동안 토굴에 앉아 한 마디도 하지 않는, 묵언수행과 면벽수도를 하는 수도승이라도 마찬가지다. 수도승이 붙잡은 화두가 말이고, 이를 풀어나가는 과정도 언어의 논리적 체계에 의존한다. 언어와 생각은 서로 작용하며 거의 일체화되어 있다.

　말을 통해 생각하기에 말은 우리 생각을 조종한다. 사고와 행동을 좌지우지할 정도로 강력한 영향을 미친다. 특히 가장 큰 힘을 가진 말은 단연 상식의 이름으로 통용되는 격언과 명언이다. 보통은 규범을 비롯해 인간으로서 마땅히 취해야 할 사고방식과 행동 방식을 담기 마련이다. 어려서부터 부모나 교사, 혹은 주변 사람에게 워낙 자주 듣는다. 게다가 서너 개 단어로 이뤄진 짤막한 문장이어서 강렬하게 뇌리에 박힌다. 오랜 기간 내려오는 상식, 현대사회에서 새롭게 생긴 상식을 모두 포함한다.

문제는 말의 사용이 그다지 공평하지 않다는 점이다. 무엇보다 사회적으로 유행하는 상식의 상당 부분이 구성원에 의한 자발적이고 동등한 합의 결과라고 보기 어렵다. 오히려 사회 강자나 지배 세력이 자신의 영향력과 지배력을 강화하기 위한 수단으로 자주 사용한다. 과거나 현재나 말을 만들고 유포하는 주도권은 사회적 강자에게 있다. 대부분 상식은 저절로 이뤄진 것이 아니라 사회적으로 만들어진 것이다.

예를 들어 조선 시대에서는 사대부들이 유교적 이념을 교훈적 성격을 갖는 상식으로 만들어 퍼뜨렸다. 현대사회에서는 권력과 기업 등 사회적 강자의 이해가 많이 작용하는 제도교육이나 언론이 중요한 역할을 한다. 공정한 목적으로 사용되기보다는 체제와 권력을 위한 이데올로기 기능을 한다. 아무리 개인이 원해도 상식의 규칙에서 벗어나거나 변경하기 어렵다. 말은 생각과의 관계에서 권위적 위치에 있다.

그 결과 생각은 상식의 함정에 빠진다. 생각 왜곡이 빈번하게 일어난다. 처음에 상식적이고 규범적인 말이 만들어질 때의 의도와 다르게, 혹은 현재가 과거와는 전혀 다른 상황임에도 부당하게 적용되기도 한다. 나아가 처음부터 의도적으로 생각을 왜곡하고 조작할 목적으로 만들어지는 경우도 적지 않다. 의심 없이 무심코 말을 그대로 받아들일 때 생각은 왜곡과 조작의 늪에서 허우적댄다. 정신은 길을 잃고 무력해진다.

어찌해야 하는가? 짧은 한마디로 요약할 수 있다. 속지 말자! 물론 말의 속박에서 완전히 벗어나는 것은 불가능할지도 모른다. 하지만 최소한 덜 속는 것만으로도 삶과 생각이 더 자유로워지는 방향으로 첫 발걸음을 뗄 수 있다. 일보를 내디뎠다면 생각이 엉뚱하게 나아가지 않도록 일정한 한도 내에서는 제어하는 일이 가능하다.

이 책에서는 현재 한국 사회에서 강력한 통념을 형성하는, 그러면서도 사람의 사고와 행위를 왜곡할 위험성이 큰 말들을 추렸다. 크게 두 가지 영역으로 나누었다. 하나는 인간에 대해 부당한 편견을 심어주는 상식이다. 다른 하나는 세상에 관한 왜곡된 사고방식을 퍼뜨리는 상식이다. 이 중에는 "아는 만큼 보인다", "아프니까 청춘이다", "소확행을 즐겨라"처럼 최근 유행하는 말과 함께 "하나를 보면 열을 안다", "찬물도 위아래가 있다"처럼 과거에서 오는 말도 있다.

상식적이고 규범적인 말이 어느 정도 영향을 미치고 어떤 문제가 있는지 분석했다. 현상을 풍부하게 이해하기 위한 설명만이 아니라, 깊이 있는 논의를 위해 각 주제와 긴밀하게 연관된 사상과 이론을 논의에 끌어들였다. 되도록 고전이나 주목받는 현대 저작 내용을 참고해 더 심화하려는 의도다. 나아가 대안적인 생각의 방향을 어디로 잡아야 하는지 제안하고자 했다.

상식이 만들어낸 덫에 의심의 눈길을 보낼 때 인간과 세계에 대한

우리를 속이는 말들

주요 문제에 속지 않을 기회가 주어진다. 긴장의 고삐를 바짝 조이면 말에 의한 생각 왜곡을 어느 정도 걸러낸다. 이 책이 관성적인 생각과 행위를 멈추고, 상식에 의문을 품고, 말에 대한 새로운 시각을 갖는 계기가 되기를 바란다.

2020년 여름

박홍순

Contents

Part 1
인간에 대한 편견의 말

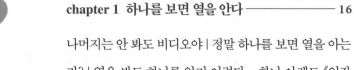

Part 2
세상을 왜곡시키는 말

인간에 대한 편견의 말

/

하나를 보면
열을 안다

프랑수아 부셰, 〈몸단장〉, 1742년

◇
나머지는 안 봐도 비디오야

프랑스 화가 프랑수아 부셰^{François Boucher}(1703~1770)의 〈몸단장〉은 로코
코 미술의 전형적인 특징을 보여준다. 로코코 미술은 귀족과 부유한
자산가의 소소한 일상을 화폭에 자주 담는다. 화려한 의상과 장신구
로 치장한 인물, 정교한 장식이 들어간 가구, 부유층의 흥겨운 연회,
청춘 남녀의 연애 등을 섬세하게 묘사한다.

　그림에 로코코 화가들이 즐겨 다루는 소재가 잔뜩 담겨 있다. 하녀
의 도움을 받으며 젊은 여인이 몸단장한다. 화장대와 의자를 비롯해
아기자기한 조각이 가미된 가구가 가득하다. 탁자 위에 귀족들이 선
호하던 중국 자기들이 놓여 있고, 벽에는 유행하던 동양식 병풍이 서
있다. 스타킹 끈을 매면서 슬쩍 하얀 허벅지를 드러내는 설정도 특징
적이다. 왼편 벽난로 위에 놓인 편지로 봐서, 연인의 연락을 받고 외
출을 준비하는 듯하다.

　그림을 보면서 이 여인에 대해 어떤 생각이 떠오르는가? 방의 광
경을 보며 짐작하기 마련이다. 몸단장 중이니 의자 위에 옷이 널려 있
는 것이야 그렇다고 치자. 하지만 방 구석구석에 온갖 물건이 어지럽

게 흩어져 난장판이다. 화장대 위가 어수선하고, 병풍도 대충 세워놓아 볼품없다. 바닥은 더 가관이다. 먼지떨이와 부채, 벽난로 풀무 등이 아무렇게 나뒹군다. 가림막 기둥에 대충 걸어놓은 주머니에서 실타래가 떨어져 고양이 노리개가 되어 있다. 실은 여기저기 엉켜 있고, 뜨개질바늘도 바닥에 방치되어 있다.

이럴 때 흔히 쓰는 말이 있다. "하나를 보면 열을 안다." 대부분 사람이 타인을 판단할 때 일상적으로 던지는 말이다. 일부만 보고도 전체를 알 수 있다는 뜻이다. 한 가지 행동을 보면 다른 행동까지 미뤄 헤아릴 수 있다고 본다. 무심코 드러낸 한마디 말로 생각이나 성품을 짐작하고 어느 날 접한 행실 하나로 평소 행동거지 전체를, 나아가서는 어떤 사람인지 얼추 알 수 있다고 여긴다.

그림 속 여인은 집 안을 지저분하게 방치해 둔 꼴로 봐서 생활 전체가 정돈이 안 된 사람이라는 생각이 머리에 콱 박힌다. 몸단장 공간만이 아니라 집 안 곳곳이 마찬가지일 테고, 하녀 도움 없이는 아무것도 할 수 없는 여자로 생각된다. 앞날을 차분하게 계획하지 않고 그날그날 주먹구구식으로 생활할 게 분명하다.

정돈이 안 된 생활을 볼 때 십중팔구 방만한 성격을 가졌으리라는 예상으로 이어진다. 마음의 충심 없이 수시로 충동이 앞서는, 가벼운 성격이 떠오른다. 평소에 몸가짐도 그리 단정하지 않으리라는 예상도 하기 마련이다. 어지러운 집 안 상태를 노출이 많은 옷매무새와 곧바로 연결하며 그것 보라고 하기 십상이다.

———

사람을 판단할 때, '하나를 보면 열을 안다'만큼 자주 쓰는 말을 찾아보기 어렵다. 예를 들어 다른 사람의 차를 탈 때 종종 마주치는 상황을 떠올려보라. 좌석 여기저기가 자잘한 짐으로 어지럽다. 바닥에도 물건이나 쓰레기가 굴러다닌다. 그때서야 차 주인이 주섬주섬 짐을 챙겨 한곳으로 모아놓으며 여기에 앉으라고 한다. 보통은 이러한 순간에 어떤 생각이 머리를 스치는가? 대충 집 꼬락서니가 어떨지를 짐작한다. 부셰 그림의 여인처럼 생활이든 성격이든 정돈되지 않는 사람이라는 생각이 스친다.

함께 식사할 때 식탁이나 옷에 음식을 자주 흘리는 사람은 어떤가? 마찬가지로 생활과 일에서도 꼼꼼한 경향과는 거리가 멀다는 인상이 박힌다. 덤벙대는 성격을 가졌으리라 짐작한다. 혹은 말투가 센 사람을 만났을 때도 생각해 보라. 행동도 상당히 거치리라고 예상한다. 반대로 말이 별로 없는 사람이라면 무엇이 떠오를까? 평소에 일과 인간관계에서 소극적이고 소심한 사람이라는 느낌이 굳어진다.

이 모두가 대체로 하나를 보면 열을 안다는 식의 사고방식이 만들어내는 인상이다. 요즘 흔히 쓰는 말로 '나머지는 안 봐도 비디오'라는 판단이다. 말과 습관, 행동에서 단서를 찾아 개인 특성을 판단한다. 극히 사적인 관계에서의 판단에 머물지 않는다. 사회적 의미에서의 판단으로도 확장해 적용한다.

여러 해가 지났지만 아직도 익숙한 사건이 하나 있다. 어느 정부 시절에 검찰총장의 혼외 자녀 논란 때문에 시끌벅적했던 일이 있다.

검찰총장이 십여 년간 한 여성과 혼외 관계를 유지했고, 둘 사이에 초등학생 아들이 있다고 신문에 보도되면서 논란되었다. 보도가 나오자 총장은 검찰 수사를 흔들려는 시도며 굴하지 않겠다고 했다. 하지만 법무부에서 "도덕성 논란이 지속되는 것은 검찰의 명예와 국민의 신뢰에 대한 심대한 영향을 미치는 중대한 사안"이라며 감찰 지시를 밝혔고, 그는 총장직을 사퇴했다.

그 직전에 정부는 출범 6개월 만에 국가정보원의 대선 여론 조작과 정치 개입 의혹 사건이 폭로되면서 곤경에 처해 있었다. 선거법 위반 판결이 나면 정권의 정당성 자체가 뿌리째 흔들릴 상황이었다. 대통령 지휘 아래 있는 법무부 장관이 국정원장에게 선거법 위반 혐의를 적용하지 말라고 했으나, 검찰총장은 소신대로 선거법 혐의를 관철했다. 그러던 와중에 대표적인 친정부 성향의 신문에서 혼외 자녀 보도가 나온 것이다. 검찰, 정치권, 언론에서는 국정원의 대선 개입이라는 중요한 수사와 재판이 진행 중인 시기에 이런 보도가 나온 것은 특정 세력의 의도가 있어 보인다는 비판을 폭넓게 제기했다.

언론 보도와 국정원의 의도가 어디에 있든, 하나를 보면 열을 안다는 사람들의 상식을 사회적으로 이용한 대표 사례다. 일단 사실 여부와 무관하게 개인 생활에서의 특정한 비도덕적 행위가 여론의 도마 위에 오르는 순간, 통념에 따라 그 사람 전체가 공직에 있어서는 안 되는 부적절한 사람으로 치부되는 한국 사회 분위기를 이용한 것이다.

◇

정말 하나를 보면 열을 아는가?

한국인의 의식 속에 매우 강렬하게 자리 잡고 폭넓게 영향을 미치는 통념이기에 오히려 적극적으로 의문을 품어야 한다. 정말 하나를 보면 열을 알고, 일부만 보고도 전체를 알 수 있는가? 고위공직자의 혼외 자녀 논란을 비교하여 고민해 봐야 하는 외국 사례가 있다.

예전에 프랑스에서 논란되었던 프랑수아 미테랑François Mitterrand 대통령의 혼외 자녀 보도 사건이다. 현재까지도 미테랑은 샤를 드골과 함께 프랑스인이 존경하는 역대 대통령으로 꼽힌다. 1981년에서 1995년까지 두 차례에 걸쳐 대통령 직책을 맡았다. 내적으로는 민주주의를 확대하고, 복지 정착과 노사 협력에 크게 기여했다. 외적으로는 오랜 갈등을 겪은 독일과의 긴밀한 협력 관계, 나아가서는 유럽 통합의 초석을 닦은 대통령으로 널리 인정받았다.

1994년《파리마치Paris-Match》잡지에서 미테랑에게 공식적으로

《파리마치》,
〈미테랑 혼외 자녀 보도〉, 1994년

알려진 부인과 자녀 이외에 또 다른 가정이 있다는 대형 스캔들을 폭로했다. 1960년대부터 부인 다니엘이 아닌 다른 여인 안 팽조를 만나 삼십 년이 넘게 비밀스러운 관계를 이어왔고, 둘 사이에 마자린 팽조라는 혼외 딸이 있다는 내용이었다. 여기에 파파라치가 찍은 증거 사진도 제시했다. 〈미테랑 혼외 자녀 보도〉에서 볼 수 있듯이 표지 사진으로 내걸었다. 마자린이 아버지 미테랑과 함께 식당을 나서는 모습이다. 다정한 손길로 딸의 어깨를 다독이며 말을 하고 있다. 미테랑은 혼외 자녀가 있느냐는 기자의 질문에 "사실이다. 그게 어쨌다는 것인가! 대중과는 아무런 상관이 없는 일이다"라고 맞섰다.

한국이라면 어떤 사태가 벌어졌을까? 가족과 관련한 비도덕적 행위만 놓고 봐도 평생에 걸친 활동과 사회적, 정치적 성과까지도 모두 위선일 뿐이라고 단정하기 십상이다. 대통령 자격이 없다며 정치권과 언론에서 퇴진 요구 발언이 줄을 잇고, 광화문이나 시청 광장에서는 허구한 날 시위로 난리가 났을 것이다. 혼외 자녀 논란이 있었던 예전 검찰총장과 마찬가지로 아마 자리를 지키기 어려웠으리라.

하지만 프랑스는 전혀 달랐다. 대부분 언론은 대통령 업무와 관련 없는 사생활 문제로 선정적 보도를 한다며《파리마치》를 비판했다. 대표 일간지《르 몽드》는 "그래서 어떻다는 말이냐?"라며,《르 피가로》는 "하수구 저널리즘"이라며 쏘아붙였다. 국민 여론도 사생활 문제와 공직은 별개라는 쪽으로 향했다. 일시적인 반응이 아니다. 미테랑 이전이나 이후의 대통령 중에도 우리가 흔히 '불륜'이라고 표현하는 행위가 있었지만 보도되지 않는 일이 많았다. 사생활 보호가 사회적 관행이자 언론의 암묵적 합의였던 것이다.

재임 당시는 물론이고 지금까지도 존경받는 대통령으로 프랑스 국민의 마음에 남아 있다는 것은 국민 정서에 사생활과 공적 업무가 별개라는 생각이 두터웠기 때문이다. 행동 하나로 인간 전체를 단정 짓는 것이 섣부르고 부적절하다고 본다.

공직자의 모든 행위에 관대하다는 의미가 전혀 아니다. 공적 영역과 사적 영역을 분명하게 구분할 뿐이다. 대통령을 비롯한 고위공직자가 공금을 횡령하거나 뇌물을 받아 챙기는 행위, 국가 일과 관련해 국민을 기만하는 행위, 공적인 지위를 이용해 부당하게 사적인 욕망을 채우는 행위 등에는 신랄하게 비판하고 공적 지위를 인정하지 않는다. 다만 감정에서 비롯하는 사적인 일탈과 부도덕에 대해서는 공적인 역할과 구분한다.

우리가 주변에서 접하는 사례도 되짚어 봐야 한다. 방이나 자동차가 지저분하듯이 생활 전반이 어수선하고, 일 순서도 정하지 못하는 사람이 있다. 하지만 반대 경우도 얼마든지 있다. 집은 엉망이지만 직장에서는 책상이든 자료든 언제나 정리하고, 일 처리가 깔끔한 사람도 적지 않다. 식사할 때 음식을 자주 흘려 칠칠치 못하다는 소리를 듣지만 생활의 다른 부분과 일에서는 매사 치밀한 사람도 꽤 접한다. 말투는 거칠지만 마음이 섬세하고 여린 사람도 종종 있지 않은가.

노출이 많은 옷을 입는 여성이라고 해서 몸을 잘 간수하지 않으리라는 판단도 얼마나 큰 왜곡인지는 많이 알려졌다. 옷차림은 꼭 타인에게 보여주기 위한 목적만을 갖는 게 아니다. 타인의 시선과 무관하게 자기 자신의 만족을 찾기도 한다. 그렇기 때문에 옷차림은 자유분방하지만 사고방식과 실제 생활에서 상당히 보수적인 여성도 많다.

성인으로 불리는 공자만 해도 일관된 생각과 행동만 하는 게 아니다. 《논어》의 〈공야장公冶長〉 편에는 일부 행동으로 전체 됨됨이를 평가하는 대목이 나온다. 제자인 재여가 낮잠을 자는 모습을 보고 공자가 가혹한 평가를 내린다. "썩은 나무로는 조각을 할 수가 없고, 더러운 흙으로 쌓은 담은 흙손으로 다듬을 수 없다."

낮잠을 통해 게으른 사람이라는 확신을 한다. 생활이 게으르면 학문과 활동에서도 게으를 수밖에 없으니, 사용할 수 없는 썩은 나무나 더러운 흙에 불과하다는 것이다. 그러니 학문에 정진하거나 사회적으로 의미 있는 역할을 하기에는 애초에 글러 먹었다는 평가다. 하지만 정작 공자 자신도 일관된 모습을 보이지는 못했다. 낮잠과 비교할 수 없을 정도로 중대한 문제에서 이상한 행실을 보였다.

공자는 군자의 가장 중요한 덕목으로 늘 명분을 강조했다. 〈자로子路〉 편에서 제자 자로가 "임금이 선생님께 의지해 정치를 한다면, 무엇을 먼저 하시겠습니까?"라고 묻자 공자는 "반드시 명분을 바로 세우겠다"라고 한다. 자로가 "사정과 맞지 않습니다!"라며, 현실성이 떨어지는 게 아니냐고 하자 공자가 크게 나무란다. 명분이 바로 서지 않으면 도리를 잃어 일을 그르치고, 예악이 무너져 형벌이 적절하지 않게 됨으로써 백성이 제대로 살 수 없다며 야단을 친다.

하지만 〈양화陽貨〉 편에서는 공자 스스로 명분을 거스른다. 공산불요가 반란을 일으키고 공자를 초청하자, 공자는 신하가 되기 위해 떠나려고 한다. 앞서 꾸지람을 들은 자로가 만류하자 "나를 써주는 사람만 있다면 그 나라를 동쪽의 주나라로 만들 것"이라며 고집을 부린다. 뜻을 펼치기 위해서는 명분에 얽매이지 말고 현실과 타협해야 한다는 논리다.

한 번만이 아니다. 나중에 필힐이 반란을 일으키고 부르자, 공자는 다시 가려 한다. 자로가 "군자는 좋지 못한 짓을 하는 자들 틈에는 들어가지 않는 법"이라고 했던 공자의 말을 상기시키며 명분 없는 행동을 하지 말도록 말린다. 하지만 공자는 그렇게 말한 일이 있다고 인정하면서도, "어떻게 매달려 있기만 하고 남에게 먹히지 않을 수 있겠느냐?"라며 정치에서 현실적인 처사가 불가피함을 역설한다. 명분을 지키며 계속 기다릴 수는 없다는 뜻이다. 비록 바람직한 상황이나 인물이 아니라도 들어가서 잘하면 되지 않겠느냐는 항변이다.

반란 무리의 신하라도 되고자 애쓰는 공자의 모습을 보고, 공자는 도무지 명분이 없고 자기 이해득실만을 따지는 사람이라고 평가를 내릴 수 있겠는가? 이처럼 사람은 본래 일정하지 않고 말과 행동 속에 서로 다른 양상이 공존하는 존재다. 성인으로 불리는 공자가 이러할진대 보통 사람이 어떻게 덜하겠는가.

◇

열을 봐도 하나를 알기 어렵다

- 한나 아렌트 《인간의 조건》

벨기에 화가 제임스 앙소르 James Ensor (1860~1949)의 〈1889년 브뤼셀에 입성하는 그리스도〉는 혼란스럽다. 예수 그리스도 주변으로 환영하는 시민이 구름떼처럼 몰려든다. 과거 예루살렘 입성처럼, 현재 브뤼셀에 입성하는 장면을 상상해 그렸다. 오른편 연단에서는 흰색 어깨띠를 두른 권력자를 중심으로 정치 행사가 열리는 중이고, 거리는 시위 행렬로 소란스럽다. 또한 예수 환영 문구와 정치 구호가 들어간 피켓과 플래카드로 어지럽다. 당시 벨기에를 뒤흔들던 파업과 폭동, 종교적 충돌 등 복잡한 사회 상황을 반영한다.

그런데 거리를 매운 사람들의 모습이 특이하다. 거의 예외 없이 가면을 쓴 얼굴이다. 유일하게 예수만 가면이 아닌 본래 모습이다. 멀리 있어서 어렴풋하지만, 분명 수염이 덥수룩한 얼굴 그대로다. 앙소르는 가면을 이용해 자신을 숨기거나 위장하고 살아가는 인간을 자주 묘사한 화가다. 심지어 자화상을 그릴 때도 다양한 표정을 짓는 가면에 둘러싸인 모습으로 그릴 정도다. 자신이 그러하듯이 한 인간 내에도 서로 상이한 수많은 모습이 공존함을 회화적으로 드러낸다. 이 그림도 비슷한 맥락임을 짐작할 수 있다.

사람들은 혼란스러운 사회 상황은 물론이고, 일상에서도 좀처럼

제임스 앙소르, ⟨1889년 브뤼셀에 입성하는 그리스도⟩, 1888년

자신을 드러내지 않는다. 신과 소통하려는 자리조차 가면을 쓰는 게 인간이다. 신에게 기도하거나 성직자에게 고해성사를 할 때는 내면의 부끄러움과 죄악까지 솔직하게 드러내도록 요구받는다. 하지만 이 그림처럼 예수를 만나는 자리에서도 인간은 자신을 가리는 존재다.

　왜 예수만 온전히 자기 모습을 드러내도록 묘사했을까? 서구 사회에서 예수는 세상과 인간을 창조한 하나님과 동격이다. 신만이 자신을 온전히 드러낼 수 있다는 생각이 담긴 게 아닐까? 투명하게 드러낸다면 언제 어디서든 일관된 모습을 보일 가능성이 크다. 스스로 자신을 숨기지 않으니 모든 상황에서 동일하게 나타날 것이다. 반대로 인간은 투명하지 않다. 자신에게조차 솔직하지 않다. 때와 상황에 따른 가면을 쓰고 행동한다.

결국 사회 상황과 함께 인간이란 어떤 존재인가에 대한 문제의식
도 담고 있다. 우리는 '인간이란 무엇인가'를 어떻게 규정할 수 있을
까? 독일 철학 사상가 한나 아렌트[Hannah Arendt]는 《인간의 조건》에서 이
에 대해 매우 회의적인 대답을 한다.

> "우리는 주변의 모든 자연적 사물의 본질을 인식하고 결정하고 규정
> 할 수 있다. 그러나 우리 자신에 대해서는 결코 그렇게 할 수 없다.
> … 우리는 자기와 유사한 타인과 필수적으로 공유하는 성질들을 애
> 써 묘사하게 된다. 유형 또는 성격을 묘사하기 시작한다. 그 결과 그
> 의 특별한 유일성을 놓쳐버린다. 이런 좌절감은 익히 알려진 철학적
> 불가능성, 즉 인간에 대한 정의와 밀접하게 연관된다."

아렌트에 의하면 사람들은 흔히 무언가를 규정하려 한다. 우리를
둘러싼 자연을 상대로 본질을 정의하려는 시도가 어느 정도 가능하
다. 대부분 자연과학이 그러하다. 예를 들어 최근 현대 과학의 성과를
생각해 보면 어렵지 않게 이해된다. 현대 물리학은 원자를 통해 물질
의 본질을, 유전공학은 유전자를 통해 생명의 본질을 규명한다. 객관
적 입증도 가능하다.

하지만 인간 자신에 대해서는 본질적 성격을 정의 내리는 일이 곤
란하다. 인간이란 무엇인가를 정의하려면 공통적 유형이나 성격을

찾아야 한다. 그런데 유형과 성격은 저절로 드러나는 것이 아니다. 인간은 말과 행동으로 자신을 드러내는 존재이기 때문이다. 하지만 언어와 행위를 통해 드러나는 인격이 현상적으로 아무리 뚜렷하게 보이더라도 막상 정의하려면 명료하지가 않다.

말과 행동으로 드러나는 성격은 현재를 사는 모든 사람, 그리고 과거에 살았고, 또한 미래에 나타날 누구의 성격과도 동일하지 않다. 천 명이 있으면 천 개의 성격이 있고, 백만 명이 있으면 백만 개의 성격이 있을 뿐이다. 다원성은 인간 행위의 조건이다. 그러므로 인간 각자가 지닌 유형과 성격을 동일성에 기초해 하나로 종합하여 규정할 수 없다.

동일성으로 묶으려는 순간 특별한 유일성을 놓쳐버린다. 그러한 의미에서 적어도 인간 본질에 대한 규정은 철학적으로 불가능하다. 게다가 앙소르 그림에서 나타나는 특성, 즉 모든 인간이 상황에 따라 여러 개 가면을 쓰고 살아간다는 점까지 고려하면 겉으로 드러나는 사람들의 말과 행동은 객관적인 판단 근거가 되기도 어렵다. 결국 '인간이란 무엇인가'라며 본질에 접근하려는 것은 우리 능력 밖의 일이다.

우리가 진정 인간을 풍부하게 이해하고자 한다면, 아렌트가 말한 '인간'에 대한 본질적 규정의 불가능을 '개인'으로 확장해 적용해야 한다고 생각한다. 전체 인간의 성격 규정만큼 한 사람의 본질적 성격을 찾아내는 일은 어렵다. 관계와 상황에 따라 말과 행동이 달라진다.

인간에 대한 편견의 말

동일한 형식의 말과 행동이라도 집과 직장에서 동일하지 않다. 예를 들어 갈등이 생겼을 때 가족, 친구, 직장, 동우회 등 인간관계에 따라 반응이 상이하다. 여기에 같은 영역에서 비슷한 경우라도 그때마다 다른 대응이 나타나는 경우가 많다. 똑같이 직장에서 생긴 일에 대한 행동이라도 구체적 상황에 따라 변형이 생긴다.

인간관계나 구체적 상황의 차이에만 머물지 않는다. 심지어 나머지가 거의 똑같은 조건이라도 그 조건과 무관하게 다른 영역에서 생긴 감정에 영향을 받으면서 말과 행동이 달라진다. 예를 들어 아이를 키우는 부모를 생각해 보자. 부모는 아이가 저지른 동일한 잘못이나 실수에 대해 그때의 감정에 따라 다르게 대응한다. 아이와는 무관한 일로 기분이 상해 있을 때는 평소보다 엄하게 야단을 치지만, 기분이 좋을 때는 그냥 넘어가기도 한다.

상대를 오래 겪으면 충분히 알 수 있다는 생각도 별로 설득력이 없다. 한평생을 같이 산 부부도 상대를 정말 알기는 하는지 의문을 품을 때가 많지 않은가. 무슨 생각을 하며 사는지조차 잘 모르겠다고 느낄 때가 많다. 심지어 '나는 어떤 사람인가'라며 스스로 질문을 던져보면 자신 있게 규정할 말이 떠오르지 않는다.

그러므로 하나를 보면 열을 안다는 생각은 터무니없는 오만이다. 특정한 사람만이 아니라 자신과 관계를 맺는 모든 사람에 대한 편견이 생긴다. 스스로 편견을 만들어낼 뿐만 아니라 한번 생긴 편견을 확대 해석한다. 하나의 행동을 통해 사람을 자기 나름대로 판단하면 이후 그 사람의 말과 행동을 자의적, 선별적으로 받아들이기 때문이다. 자신이 내린 판단에 일치하는 행실에만 눈이 가고, 판단을 거스르는 행실은 우연으로 여기고 배척한다. 다시 말해 섣부르게 내린 판단에 맞는 정보만을 선택하고 합리화하면서, 편견은 더욱 강화되고 확대된다.

그러므로 아렌트가 말한 다원성은 인간과 인간 사이에만 적용되어서는 안 된다. 한 사람 안의 다원성이야말로 더 결정적이다. 누군가를 '이런 사람'으로 규정하는 자체가 불가능하다. 어떤 행동이 있으면 그 행동에 대해서만 판단해야 한다. 이를 사람에 대한 판단으로 연결하는 순간 부당한 편견이 생긴다. 게다가 동일한 형식의 행동이더라도 상황과 감정에 따라 달라지기에 일회적이고 부분적인 평가로 끝나야 하는 경우가 대부분이다. 하나를 보면 열을 알기는커녕 하나를 봐서 하나를 아는 것조차 어렵다. 더 정확하게 말하자면 열을 봐도 하나조차 알기 어려운 게 사람이다.

chapter
2

/

사람은
변하지 않는다

테오도르 제리코, 〈도벽환자의 초상〉, 1823년

◇
언제부터 이렇게 살았을까?

낭만주의 회화의 창시자 테오도르 제리코^{Théodore Géricault}(1791~1824)의
〈도벽환자의 초상〉은 감상자에게 유쾌한 기분을 주지는 않는다. 제
목이 아니어도 인물이 주는 껄끄러운 느낌이 있다. 호의적이지 않은
눈초리로 뚫어지게 노려보는 눈, 상대를 경계하듯 삐딱한 자세, 설사
웃더라도 비웃음이 흘러나올 것처럼 살짝 일그러진 얼굴, 빗질이라
고는 해본 적이 없을 것처럼 헝클어진 머리칼 등이 기분 나쁜 이미지
를 풍긴다.

제리코는 정신과 전문의인 친구에게 치료를 받던 편집증 환자들
의 초상화 연작을 그렸다. 특정한 충동과 강박관념에 병적으로 사로
잡힌 사람들이다. 그 가운데 도벽에서 벗어나지 못하는 환자 얼굴을
사실적으로 묘사한 그림이다. 화가는 환자에 대한 사적인 감정은 배
제한 채 있는 그대로의 모습을 충실하게 재현한 듯하다. 그림을 보는
동안 묘한 긴장감 속에서 경계를 늦추지 않게 된다.

화가의 작업이 못마땅해 일시적으로 나타나는 분위기는 아니다.
의사와의 대화를 통해 자발적으로 초상화 제작에 나섰으니 말이다.

도벽에 사로잡혀 살아가는 사람이기에 생긴 분위기라고 봐야 한다. 도둑질은 타인에게 직접 피해를 입히는 범죄고 오랜 기간 자행해 왔으니, 그러한 마음 흔적이 외모에도 반영되었으리라.

최근에도 언론에서 도벽 관련 보도를 종종 접한다. 몇 년 사이에 사람들 입방아에 오른 대표적인 사건이 몇 개 있다. 백화점과 마트를 돌며 1천 800여 개 상품을 훔친 오십 대 중반 여성에 관한 기사가 났었다. 형편이 어렵지도 않았고, 필요 없는 물건이었지만 습관적으로 물건을 훔쳤다. 훔친 물건은 포장도 뜯지 않고 집 베란다에 쌓아둔 것으로 조사되었다.

생리 기간이면 도벽이 도져 처벌받은 사례도 관심을 끌었다. 남편이 기업 임원인 한 중년 여성은 여섯 번이나 절도죄 처벌을 받았음에도 불구하고 화장지와 세제 등 자잘한 물건을 훔치곤 했다. 돈이 없거나 혹은 자기에게 꼭 필요해서 한 짓이 아니다. 분석에 의하면 이 같은 행위는 충동조절장애의 일종인 '병적 도벽'이다.

그런데 우리는 도벽이라고 하면 아이 때부터 지녀온 못된 버릇이라고 여긴다. 옛말에 '세 살 버릇이 여든까지 간다'는 말이 있지 않은가. 습관은 어릴 때 형성된 후에 죽는 날까지 이어진다는 의미다. 마찬가지로 성격과 사람 됨됨이도 한번 자리 잡으면 지속된다고 믿는다. 흔히 '사람은 변하지 않는다'고 말하는데, 같은 맥락에서 생긴 확신이다.

이러한 확신에 따르면 제리코 그림 속 인물의 도벽도 어릴 때부터 이어져 왔다. 처음에는 형제의 장난감이나 물건을 몰래 가져가거나 숨기는 데서 시작했으리라. 별문제가 생기지 않자 조금 더 과감해져서 어느 순간 부모 서랍과 지갑의 돈에 손을 댄다. 이미 성격 속에 도벽이 생긴 이상 부모에게 들켜서 혼이 나더라도 웬만해서는 사라지지 않는다. 급기야 다른 사람의 물건과 돈을 훔친다. 바늘 도둑이 소도둑이 된다고 했던가. 이렇게 한번 버릇과 성격이 만들어지면 아무리 나이가 들어도 변하지 않는다고 확신한다.

이를 뒷받침하는 사례로 1970~1980년대 '대도大盜'로 유명했던 사람을 꼽곤 한다. 도둑질로 이십 년 가까이 감옥을 들락거렸다. 한때 마음을 바꿔먹어 목사 안수를 받고 목회 활동도 했다. 하지만 78세가 되어 다시 도둑질을 하다 붙잡혀 삼 년 형을 선고받았다.

이 이야기를 접하며 정말 변하지 않는 게 인간이라는 생각을 한다. 범죄와 일탈 행위에 대해서만 드는 확신이 아니다. 일상에서 접하는 다양한 버릇과 행동, 혹은 사고방식과 성격에 모두 해당한다. 뚜렷하게 공통적인 면은 있다. 주로 상대의 부정적인 측면을 지적할 때 쓰는 것이다.

오랜만에 동창회에 나갔을 때도 자주 접하는 소리다. 십여 년 만에 만나는 친구들 중에 눈살을 찌푸리게 하는 사람이 있기 마련이다. 끊임없이 다른 친구 흉을 보거나, 이야기를 나눈 지 얼마 지나지 않아 시비를 걸거나, 술에 취해 주정을 부리는 사람이다. 굳이 동창회가 아니더라도 옛날부터 경쟁심이 심했던 사람이 여전히 어떡해서라도 남에게 이기려고 드는 태도를 보일 때, 직장 생활과 가정생활을 하면서 오랜 세월 수많은 일을 겪었을 텐데도 예전 이상한 성격이 여전히 드러날 때도 마찬가지다.

혹은 교제하는 동안 말썽을 부리고 상처를 줬던 연애 상대와 결혼하려는 사람에게 충고할 때도 비슷한 말을 한다. 결혼하고 나면 바뀌지 않겠느냐고 하면 어리석은 미련일 뿐이라고 타이른다. 당장은 괜찮게 보이지만, 제 버릇 남 주지 못하기 때문에 결혼하고 나면 다시 부정적인 모습이 나타날 것이라고 한다. 대체로 주변 사람에게 크든 작든 마음 상처를 줘서 욕을 먹거나 기피 대상이 되는 사람에게 "정말 사람 안 변해"라는 말을 툭 던진다.

대체로 경험적인 근거를 든다. 살아오면서 겪었더니 그렇더라는 식이다. 혹은 예전부터 수많은 사람이 하는 말이니 나름대로 타당성이 있지 않겠느냐는 식이다. 요즘에는 심리학적인 근거를 제시하는 경우도 많아졌다. 심리학도 관점과 접근 방법에 따라 여러 분야로 나뉘지만, 공통적으로 유년기 경험이 결정적이라고 본다. 어린 시절의 경험, 질병, 부모와의 관계, 가족 구조, 학교생활, 친구 관계 등이 성격 형성에 결정적 영향을 미친다는 주장이다.

우리를 속이는 말들

심리적, 유전적 근거가 동원되다

대부분 심리학자에 의하면, 사람 성격은 지능과 마찬가지로 5세 이전에 대부분 형성된다. 이후 변화가 있더라도 부분적이고, 본질적인 특징이 변하는 경우는 거의 없다. 성격을 시멘트에 비유한다. 일정한 시간이 지나면 시멘트가 굳어서 고정되듯이 성격도 한번 형성되면 변하지 않는다. 시멘트가 굳기 전에 발자국이 찍히면 지워지지 않듯이, 성격의 부정적인 측면도 성장기가 지나고 나면 교정되지 않는다. 사람이 변하지 않는다는 심리학자들의 확신은 유별날 정도로 강하다.

심리학자와 유전학자는 타인과의 접촉에 소극적이고 말수가 적은 사람을 보면 어떤 진단을 내릴까? 심리학자라면 부모 협력이 적은 유년기 가정환경을 근거로 들 것이다. 현대 개인 심리학의 성격 분류에 의하면 외향성이 낮은 성격, 신경성이 높은 성격이다.

외향성 수치가 낮으면, 달리 표현해 내향성이 높으면 사람들과 어울리지 않고 조용하다. 내향적인 사람은 자신의 생각과 감정에만 몰두하며 다른 사람과 떨어져 고독하게 살아간다. 또한 신경성 수치가 높으면 불안하고, 스트레스를 잘 받고 걱정이 많다. 자신이 제대로 살아왔는지, 또 지금 제대로 사는지 끊임없이 걱정하며 스스로 감정에 상처를 입힌다. 심해지면 불안정을 넘어 만성적 자괴감이나 공허함에 시달린다.

유전학자라면 집 안에서 내려오는 신경증적 기질을 제시할 것이다. 한 사람의 인생은 물론이고 타인과의 관계에도 심대한 영향을 미치는 성격이 '유전적 영향'에 의해 만들어진다. 신경성은 가족에게 유전된다. 신경성 수치가 높으면 우울증, 자살을 비롯해 여러 유형의 고통에 시달릴 가능성이 크다.

부모 DNA에서 물려받은 인성은 환경에 따른 변화를 좀처럼 용납하지 않는다. 유전을 중시하는 사람들에 의하면 냉정한 어머니, 편모, 또는 대가족이나 농촌 생활 같은 환경이 성격에 영향을 미쳤으리라는 단순한 생각은 모두 버려야 한다. 이혼한 부모의 자녀도 성인이 된 후 이혼할 가능성이 높고, 어린 시절 부모의 폭력을 경험한 사람이 자라서 더 폭력적으로 변한다는 연구 결과를 보더라도 유전적 요인의 힘을 증명한다.

심리와 유전이라는 말의 권위에 주눅 들지 않아도 된다. 개별 사례든 학문으로 포장된 근거든 차분하게 살펴봐야 한다. 먼저 제한적인 사례를 통해 사람은 변하지 않는다고 결론을 내릴 순 없는 노릇이다. '사람'은 인간 전체를 의미하기 때문이다. 반대 사례도 얼마든지 있으므로 곧바로 일반적인 결론을 끌어내기는 어렵다. 위에서 언급한 사례 자체도 허술하다.

도벽 사례부터 살펴보자. 1천 800여 개 물건을 훔친 여성은 원래 도벽이 있던 게 아니었다. 남편 사별과 자녀 출가 후 우울증에 빠진 삼 년 동안의 일이다. 어느 날 충동적으로 마트 생활용품에 손을 대고 우울했던 마음이 풀리는 경험을 했다. 이후 매주 이삼 회씩 습관적으로 물건을 훔쳤다. 중년기까지 도벽이라고는 모르고 살다가 느닷없이 생긴 경우다.

생리 기간만 되면 도둑질하는 사례도 달리 생각할 여지가 있다. 여섯 차례나 처벌받았으니 오랜 버릇이기는 하다. 하지만 생리와 연관된다는 점에서 유년 시절부터 형성된 성격 때문에 생긴 행위와는 거리가 있다. 청소년기에 몸의 변화와 함께 갑자기 생긴 습관이다.

물론 어린 시절부터 평생을 도벽에서 벗어나지 못하는 사람도 있다. 대체로 극심한 정신적, 육체적 스트레스 상황에서 생기는 경우가 많다. 스트레스 상황은 사람에 따라 서로 다른 시기에 서로 다른 원인으로 생기기에 지극히 다양하다. 그러므로 유년기에 형성된 성격으로 획일화하거나, 평생에 걸친 덫으로만 이해하면 문제 본질에서 벗어나는 것이다.

오랜만에 만나는 친구들은 어떠한가? 같은 반에 있었는지 모를 정도로 소극적이고 말이 없던 친구가 활기차고 적극적으로 변한 경우도 드물지 않다. 결혼 후에도 변하지 않는다는 확신도 의심해 볼 만하다. 수십 년간 전혀 다른 사고방식과 생활 방식으로 살던 두 사람이 매일 같은 공간에 살면서 수시로 갈등을 겪는다. 기존 성격을 고집한다면 이혼으로 끝나기 십상이다. 아니라면 갈등을 겪으며 함께 사는 법을 배운다. 자발적이든 아니든 상관없다. 한 사람 혹은 함께 변했기에 같이 살아간다.

심리학과 유전학의 권위를 빌어 변화를 부정하는 주장도 봐야 한다. 한국 사회에서 상당수 부모는 청소년기 자녀의 급격한 변화를 확인한다. 그동안 알던 자식인지 의문스러울 정도로 충격적인 성격 변화를 목격하는 경우가 많다. 특히 사춘기 혹은 '중2병' 시기를 경과하면서 가정에서 한 번도 확인하거나 상상하지 못했던 새로운 성격을 발견한다. 온순하던 아이가 과격하고 폭력적인 성향을 띠기도 한다.

만약 유전적 요인으로 성격이 만들어진다면 급격한 변화를 설명하기 어렵다. 부모가 충격받을 정도의 변화는 새로운 교우 관계나 성적 등 여러 요소가 복합적으로 작용한다고 봐야 이해가 가능하다. 현대인은 십여 년에 걸친 기나긴 기간 학교에 다녀야 한다. 가족과는 여러 면에서 상이한 인간관계라는 과제에 맞닥뜨린다. 그러면서 다양한 변화 요인을 경험한다.

자녀들은 초, 중, 고등학교에 이르는 제도교육을 통해 집단적 정서와 습관을 훈련받는다. 가정은 사회 집단과 전혀 다르다. 부모에게 응석이 통하기에 상대적으로 욕구를 쉽게 충족한다. 하지만 학교에서는 정해진 집단 규범 안에 개인을 맞춘다. 처음에는 적응을 못 해도 십여 년이라는 오랜 기간을 거치면서 자기도 모르게 집단적 기질이 스며들어 성격과 습관 안에 똬리를 튼다. 인격에 적지 않은 변화가 찾아오지 않는다면 오히려 이상할 일이다.

직장 생활을 하면서도 또 다른 변화의 계기를 맞이한다. 극심한 생존 경쟁은 또 다른 상황이다. 자신과 가족의 생계가 걸린 문제라 마음과 행위 안으로 더욱 강렬하게 파고든다. 게다가 철이 들고 나서 노년이 되기 전까지 인생의 거의 전 기간을 직장에 묶여 있어야 한다. 심지어 매일 집에 있는 시간보다 더 많이 직장에서 보낸다.

물론 제도교육 과정에도 경쟁적인 요소는 있다. 하지만 직장에서의 경쟁은 매우 다르다. 상대를 밟지 않으면 밟히는 상황에서 훨씬 더 비정한 경쟁 성격으로의 변화를 강요한다. 직장에 따라 다른 성격을 자극하기도 한다. 공무원으로 오래 일한 친구를 떠올리면, 말투와 행동이 과거에 없던 '공무원 기질'을 강하게 나타냄을 확인한다.

특히 유전적 근거는 환경의 영향을 무시한다는 점에서 문제가 많다. 가정환경은 물론이고 부모 성격조차 계층과 계급 관계의 변화가 영향을 미친다. 빈곤한 상태에 있는 가정에서는 아이 욕구와 관련해 선택할 수 있는 폭이 상당히 제한된다. 가정조차도 어린아이에게 사회를 대신해서 사회적 성격을 전달하는 집단이다.

◇

욕구가 인간을 변화시킨다
- 제러미 벤담 《도덕과 입법의 원리 서설》

더 폭넓게 영향을 주는 요인도 있다. 사회 상황과 구조 변화는 다수에게 다른 인생과 인격을 자극한다. 역사적으로 변화가 가장 없거나 더딘 사람으로 농민을 꼽는다. 마을 공동체 안에서 평생을 살아가고, 농

장 프랑수아 밀레, 〈만종〉, 1859년

사일이 반복되기에 성향 변화를 자극할 요인이 적다. 보수적, 소극적 성격과 기질을 평생 간직하는 사람이라는 인상이 강하다. 사람이 변하지 않는다고 할 때 농민보다 더 적합한 집단을 찾기 어렵다.

장 프랑수아 밀레Jean François Millet(1814~1875)의 〈만종〉에 나오는 농민들이 그러하다. 원래 제목은 〈삼종기도〉로 '안젤루스'를 번역한 말이다. 가톨릭에서 아침, 정오, 저녁에 하는 전통 기도로 하루 세 번 한다. 〈만종〉은 유럽에서 널리 복제되던 그림이다. 한국인에게도 익숙하다. 어린 시절에 이발소와 식당, 가정에 흔히 걸려 있었다.

농민 출신이었던 밀레는 어린 시절의 향수를 담아 그린 듯하다. 들판에서 농사일을 하다가 해 질 녘에 기도하는 젊은 부부다. 여자는 가슴에 두 손을 꼭 모으고, 남자는 모자를 벗어 경건한 자세로 기도한다. 매일 반복되는 일상이었으리라. 사회규범에서 벗어나지 않는 성격을 평생 간직하며 살아갔을 것이다. 권력자나 부자에게 어떤 부당한 일을 당해도 찍소리 못 하는 순종적 기질을 평생 안고 사는 모습이 떠오른다.

하지만 사회 변화는 보수적인 농민의 성격과 기질도 바꾼다. 18~19세기 유럽의 농민 저항이 이를 잘 보여준다. 조선 말기에 빈곤과 신분적 억압, 외세 침략에 대항한 동학농민운동도 마찬가지다. 사회적 변동은 평생 한마디 항의도 하지 못하고 순종적이기만 하던 농민과 빈민조차 격렬하게 행동하도록 만든다. 누르면 눌린 대로 살아가던 민중의 기질을 변화시킨다. 밀레와 비슷한 시기에 프랑스에 살면서 혁명을 비롯한 격동의 삶을 경험했던 소설가 빅토르 위고가 《레미제라블》에서 풀어낸 민중의 변화 양상도 비슷하다.

"혁명이란 하나의 변모가 아니겠는가? … 이 민중들은 숭고해질 수 있으리라. … 그 벌거벗은 발과 팔, 그 남루함, 그 무지, 그 비천, 그 암흑, 이러한 것들은 이상의 실현을 위하여 사용될 수 있으리라. 민중을 통해 바라보라. 그러면 진리를 깨달으리라."

위고에 의하면 평소에 민중은 체제와 규범에 순종한다. 부당한 처지에 놓여도 침묵하며 받아들인다. 하지만 사회 변화와 함께 전혀 예상치 못한 기질이 생겨난다. "혁명은 인간에게 제2의 영혼인 권리를 줌으로써 인간을 재창조한다." 종교적 속박과 신분제 아래에서 인내만을 최고 덕목으로 여기던 기질이 자취를 감추고 저항의 함성으로 돌변한다.

사회 변화가 프랑스대혁명과 같은 체제 변동만을 의미하진 않는다. 농업사회에서 산업사회로의 변화 역시 사고방식과 생활 방식을 바꾼다. 지역과 대가족 공동체가 해체되고 대도시의 개인주의적인 삶 중심으로 바뀌는 순간에 인생관, 습관, 기질도 변한다. 특히 지난 이삼십 년 사이의 현대사회는 더욱 급격한 변화를 경험하는 중이다.

스마트폰이 대중적으로 보급된 지 얼마 되지 않았지만, 세상은 이 작은 기계 없이는 살아갈 수 없게 되었다. SNS 중심의 소통 체계가 일반화되면서 직접 관계보다는 온라인을 통한 간접 관계가 더 익숙하다. 문장이 아니라 단어 몇 개의 대화가 대신한다. 의사소통과 인간관계의 변화는 사고방식, 성격, 기질에 큰 변화를 불러일으킨다.

몇 가지 예를 들었지만 생각과 성격에 영향을 주는 사회 변화는 훨씬 다양하다. 최근에는 한 사람의 인생에서 경험하는 변화 주기가 매우 단축되었다. 한국의 사오십 대라면 서너 차례 큰 사회 변동을 겪었다. 농경, 산업, 정보화 그리고 군사정권, 권위주의정권, 민주정권으로의 변동을 경험했다. 현재 십에서 삼십 대는 더 짧은 변화 주기

안에서 더 많은 변화를 겪을 것이 분명하다. 그 과정에서 이전의 어떤 세대보다 더 자주 성격 변화를 맞이할 것이다.

분명 성격은 심리나 유전과 상관이 있다. 하지만 현실의 사고방식, 성격, 행동을 유년기로 제한해 이해하는 태도는 환경의 영향을 간과하는 잘못을 범하게 한다. 개인 성장과 긴밀하게 연결된 가정조차 일상적으로 규정하는 사회 조건, 세대를 뛰어넘어 역사적으로 강제된 집단 경험에 이르기까지 다양한 요인을 종합적으로 고려할 때 성격과 기질 변화에 대한 균형적 환경을 가진다.

성격 변화가 고상한 신념이나 확고한 의지에서 비롯하는 것은 아니다. 사람을 움직이는 동력은 그럴듯한 신념보다도 생존과 연관된 기본 욕구의 작용으로 봐야 한다. 공리주의를 대표하는 영국 철학자 제러미 벤담Jeremy Bentham이 《도덕과 입법의 원리 서설》에서 제시한 기준은 성격 변화와 관련해서 주목할 만하다.

"자연은 인류를 고통과 쾌락이라는 두 주인에게서 지배받도록 만들었다. 무엇을 할까, 무엇을 해야 할까를 결정하는 일은 오직 이 두 주인을 위한 것이다. 옳음과 그름의 기준, 원인과 결과의 사슬이 두 주인의 왕좌에 고정되어 있다. 모든 행위·말·사고에서 우리를 지배한다. … 공리성이란 이익 당사자에게 이익·이득·쾌락·선·행복을 낳거나 손해·해악·고통·악·불행이 발생하는 일을 막는 경향을 지닌, 어떤 대상에 들어 있는 성질을 뜻한다."

벤담에 의하면 인간은 생명체인 이상, 다른 동물과 마찬가지로 고통을 회피하고 쾌락을 추구하려는 본성적 동기가 가장 중요하게 작용한다. 감정과 판단은 쾌락과 고통이라는 두 개의 기준에 근거한다. '무엇을 해야 할까', 즉 무엇이 바람직하냐는 옳고 그름의 판단도 고통 회피와 쾌락 추구에 의존한다. 이해와 선택, 무언가를 이루려는 의지는 이 동기에 뒤따라 생긴다. 고통이나 쾌락을 낳는 경향에 의할 때 어떤 행위가 실제적일 수 있다.

습관과 성격에 영향을 주는 도덕관도 마찬가지다. 선과 악은 형이상학적인 문제가 아니다. "쾌락은 그 자체로 선이다. 고통은 그 자체로 악이다." 흔히 도덕적 선을 말할 때 인류나 공동체 전체의 이익이라는 보편적 동기를 중시한다. 하지만 보편적 동기는 편의적으로 갖다 붙인 구분일 뿐이고, 그 자체로 나쁜 동기는 없다. 쾌락을 낳거나 고통을 피할 수 있는 경향 때문에 좋은 것이고, 고통을 낳는 경향 때문에 나쁜 것이다.

성격의 결정 요인은 그리 복잡하거나 고상하지 않다. 우리는 매순간 선택하며 살아간다. 하다못해 아침에 일어나면 어떤 옷을 입을지 선택한다. 밖에서는 점심으로 무엇을 먹을지, 누구를 만날지, 무슨 이야기를 할지 고른다. 직장인이라면 일과 관련해 수시로 판단해야 하기 때문에 선택은 훨씬 더 많아진다.

선택의 종류와 조건에 따라 수많은 동기가 작용하지만, 뿌리까지 들어가면 고통을 줄이고 쾌락을 늘리려는 요인이 자리 잡고 있기 마련이다. 생명체에게 이보다 일상적이고 강한 욕구가 있을까? 신념과 의지가 일차적 요인이 아니라는 점에서, 성격 변화를 성공과 처세의 방편으로 다루는 자기계발서 권고와는 전혀 다르다. 성공을 위해 시도 때도 없이 자기를 바꾸라고 권하는 책들 말이다. 사람의 변화는 허황된 성공 신화가 아니라 일상의 선택에서 온다.

유전과 가정환경이 유년기 성격 형성에 적지 않은 영향을 준다는 점은 부정할 수 없다. 유전은 선택과 무관하고, 일방적으로 주어진 결과다. 유년기 가정환경도 그렇다. 부모를 고를 수 없듯이 아이가 선택할 수 있는 경험이 아니다. 하지만 학교에 들어가고, 사회로 나아가는 순간 다양한 사회적 환경에 노출된다. 선택을 해야 하는 상황에 직면하고, 이 과정에서 새로운 인격과 성격 요인이 더해지면서 변화를 겪는다.

환경 변화가 곧바로 성격 특성을 결정짓는 것은 아니다. 인간은 새롭고 변화된 환경을 받아들이기만 하는 존재가 아니기 때문이다. 객관적 환경에 주관적 대응을 결합하면서 살아가는 존재다. 다시 말해서 유아기 이후의 성격은 제도교육, 인간관계, 직장, 사회 변화 등 제반의 외부적, 사회적 조건에 내부적이고 능동적인 선택이 결합되면서 새롭게 형성되고 변화된다. 우리는 살아가면서 시도 때도 없이 선택의 순간을 마주해야 한다. 매순간 선택하면서 자신에게 적합한 고통과 쾌락의 기준을 적용하게 된다.

선택은 평생에 걸쳐 이뤄진다. 고통과 쾌락의 동기도 나이가 든다고 해서 작아지지 않는다. 또한 앞에서 살펴보았듯이 가정, 학교, 직장 등에 따라서 서로 다른 선택 환경이 만들어진다. 예를 들어 어떤 직장에서 어떤 경험을 했는가에 따라 사람마다 선택 사항이 달라진다. 혹은 결혼 여부도 큰 선택 차이를 만든다. 고통과 쾌락의 작용은 신념과 의지보다 훨씬 큰 힘을 가진다. 신념과 의지가 간접적이고 간헐적이라면, 고통과 쾌락은 직접적이고 매일 매 순간 작용한다. 성격과 기질에 가장 일차적이고 크게 영향을 준다.

그러므로 사람은 변하지 않는 것이 더 어렵다. 인간은 변화하는 존재다. 정말 변하지 않는다는 말이 적합할 정도로 지독하게 과거의 성격을 간직하는 사람이 있기는 하다. 그런 사람이 있다면 그 사람에 대한 판단으로 국한하면 될 일이다. 문제는 인간 전체의 보편적 특징이나 본질로 규정하려 들 때 오류에 빠진다는 점이다.

무엇보다도 사람이 변하지 않는다는 확신은 사람들을 변형된 숙명론에 빠트린다. 선택과 무관하게 DNA나 유아기 환경에 의해 만들어진 성격대로 살아가는 수밖에 없다는 결론이니 말이다. 숙명론이란 개인 삶 속에서 일어나는 모든 일이 운명에 의해 정해져 있다고 믿게 만드는 태도다. 다른 사고방식과 습관, 새로운 삶을 선택할 가능성을 부정한다는 점에서, 사람의 변화를 믿지 않는 태도는 숙명론의 연장선상에 있다.

삶이 흥미롭고 살아갈 만한 이유는 자기 의도와 무관하게 조성된 환경에 일방적으로 쓸려 살아가는 것이 아니라, 환경과 선택이 맞물

리면서 스스로 자신을 변화시킬 가능성이 있다는 데서 온다. 진정 자신과 인간에 대한 풍부한 이해를 만나고자 한다면, 우리를 무력하게 하는 저 오만하고 고리타분한 숙명론의 설교에서 벗어나야 한다.

chapter
3
/

공부는
때가 있다

김홍도, 〈서당〉, 18세기 후반

◇

공부 기회는 지금뿐이야

조선 후기를 대표하는 화가 김홍도^{金弘道}(1745~?)의 〈서당〉을 모르는 한국 사람은 거의 없다. 《단원풍속도첩》에 들어 있는 스물다섯 점의 그림 중 하나로 조선 시대 서당 풍경을 생생하게 전달한다. 서당은 조선 시대에 초등 교육을 맡아 했던 사립학교로서, 주로 유학에 바탕을 둔 한문 교육이 이뤄졌다. 학생들은 글자와 뜻을 깨우칠 때까지 읽고 외우기를 반복했고, 유학 경전을 배우는 단계에서는 질문과 답변을 훈장과 주고받았다.

〈서당〉을 보면, 한 학생이 발목을 졸라맨 한복 대님을 풀며 훌쩍거린다. 훈장 옆에는 보기만 해도 종아리가 욱신거리는 회초리가 놓여 있다. 당시 서당에서는 이전 수업에서 배운 내용을 암송하도록 했다. 펼쳐 놓은 책을 등지고 있는 것으로 봐서, 뒤돌아 책을 보지 않고 외우다가 막혔던 듯하다. 회초리 맞을 생각에 겁이 나는지 눈물을 흘린다. 좌우로 앉은 학생들이 그 모습을 보면서 고소하다는 듯이 키득거린다. 왼쪽 가장자리에 앉은 두 학생은 다음이 자기 차례인지 눈으로 책을 짚어가며 열심히 내용을 확인한다.

인간에 대한 편견의 말

지금이야 학교에서 교사가 회초리를 들어 학생을 때리는 일은 보기 어렵다. 하지만 현재 사오십 대가 초등학교에 다닐 때만 해도 숙제 검사 후에 막대기로 손바닥이나 종아리를 맞는 일이 많았다. 학부모들은 많은 숙제를 내주고, 심지어 학생을 때려서라도 성적을 올리는 교사를 훌륭하다고 평가하는 분위기였다. 수십 년이 지난 현재도 성적을 절대화하는 경향은 동일하다. 사회적으로 학생다운 학생, 좋은 학생은 성적이 상위권에 있는 학생이다. 집에서도 자랑스러운 자녀를 뜻하는 '엄친아'와 '엄친딸'의 주요 조건이 공부다.

예전이나 지금이나 공부 이외의 다른 곳에 관심을 두는 학생에 대해 부모가 제일 자주 던지는 충고는 "공부는 때가 있다"라는 것이다. 현재 청소년이든 아니면 어른이든 초, 중, 고등학교 학생 시절에 가장 많이 들었던 말이다. 단순히 공부가 청소년이 중시해야 할 여러 과제 중 하나라는 이야기라면 아무런 문제가 될 게 없는 말이다.

하지만 공부가 중요하다는 일반적인 의미가 아니다. '공부도'가 아니라 '공부는'이다. '공부는' 때가 있다는 말의 진정한 의미는 공부 이외의 다른 부분은 나중에 해도 된다는 데 있다. 공부는 청소년 시기에 놓치면 다시 기회가 없으니, 다른 관심 분야로 허송세월하지 말고 공부에만 집중하라는 이야기다.

나중에 해도 되는 행위에 무엇이 들어갈까? 공부하는 데 방해하는 다른 관심 사항이다. 청소년이 무엇을 가장 하고 싶어 하는지 생각하면 몇 가지를 어렵지 않게 꼽을 수 있다. 자신의 경우를 떠올려보라.

먼저 친구들을 만나 어울리는 시간이 제일 즐겁지 않았는가. 특별히 무언가를 하지 않아도 친구들과의 시간 자체가 즐겁다.

그런데 부모와 어른의 시각으로 보기에 공부 시간을 제일 많이 잡아먹는 게 바로 친구 관계다. 학교 수업 이후에 친구들과 몰려다니면 공부 시간이 줄어든다. 늦은 밤까지 책상에 앉아 있다고 해서 공부만 열중하는 것은 아니다. 입시 지옥에서 사는 고등학생도 하루에 평균 두세 시간은 스마트폰을 사용한다. 주로 친구들과 대화방에서 문자를 나눈다. 자녀가 친구를 만나거나 친구와 문자를 나누면, 부모는 곧바로 지금 친구 만나고 다닐 때냐는 소리를 내뱉는다. 나중에 좋은 대학에 들어간 이후에도 얼마든지 사귈 수 있다는 충고다.

우정만큼 청소년을 사로잡는 감정이 첫사랑이다. 사랑에 대한 호기심과 끌림이 가장 강렬할 때니 당연한 일이다. 처음 경험하는 감정이기에 더욱 강하게 마음을 자극한다. 한시도 떨어지기 싫으니 자주 만나고, 떨어져 있으면 시도 때도 없이 전화하거나 문자를 나눈다. 혼자 있는 시간에도 상대를 떠올리느라 멍한 상태가 된다.

만약 어느 날 부모에게 "나 첫사랑을 하게 되었어!"라고 하면 어떤 반응을 마주할까? 자신이 부모라면 어떤 말을 할지 생각해 보라. 심한 경우 "너 미쳤니? 그런 거 신경 쓸 때야!"라며 야단치기 십상이다. 조금 이해심이 있는 부모이면 일단 자녀의 이야기를 듣고서 "그래, 첫사랑 좋지!"라는 반응을 보인다. 하지만 대체로 "좋긴 하지만, 첫사랑은 대학에 가서 해도 늦지 않아"라며 타이른다.

다양한 여가와 취미 활동도 한가한 시간 낭비로 치부한다. 현재 중장년 세대에게는 학창 시절의 특별한 추억들이 있다. 주말이면 종종 근처로 등산을 갔던 기억이다. 여름이면 텐트와 배낭을 들고 바닷가나 계곡으로 3박 4일 정도 캠핑을 하러 가서 신나게 놀았던 시간도 새록새록 떠오른다. 하지만 현재 중, 고등학생에게 캠핑 경험은 거의 찾아볼 수 없다.

설사 부모 가운데 자녀를 보내고 싶은 마음이 있어도 실현되기가 어렵다. 함께 보내줄 다른 부모가 별로 없기 때문이다. 위험하다는 이유를 대지만 핑계에 가깝다. 치안은 예전보다 지금이 더 좋다. 예전처럼 바닷가나 계곡에 불량배가 어슬렁거리는 일도 거의 없다. 실제로는 공부해야 할 때인데 어디 캠핑을 가냐는 생각이 지배적이다.

심지어 독서조차 마땅치 않은 표정을 보일 때가 있다. 물론 환영을 받는 책이 있기는 하다. 생활기록부에 기록될 책, 입시와 연관이 있는 책이라면 반긴다. 하지만 청소년기에 흔히 봤던 추리소설이라든가 연애소설, 혹은 교과와 직접 연관 없이 다양한 분야의 호기심을 충족하는 책은 반응이 다르다. 호기심과 교양을 채우는 책은 대학에 가서 얼마든지 볼 수 있으니 나중에 읽고 일단 교과목에 충실하라는 말을 듣는다.

◇

우정과 첫사랑은 나중에 경험해도 되는가?

정말 우정과 첫사랑은 청소년기가 아니어도 상관없는 경험인가? 어린 시절에 자주 들은 말이 있다. "진정한 친구 세 명을 얻으면 성공한 인생이다." 당시에는 의미가 제대로 다가오지 않았다. 친한 친구 예닐곱 명이 있으니 이미 충분히 성공했다는 말인가 싶었다. 매일 스스럼없이 보며 지내는 친구가 많은 나에게 해당하지 않는 이야기로 들렸다.

'진정한' 친구의 의미를 아는 데는 어느 정도 세월이 흘러야 한다. 삼십 대 중후반 정도는 되어야 이 점을 절실하게 느낀다. 자주 만나는 친구들이 있을 것이다. 하지만 자주 본다고 해서 자신을 모두 드러내놓고 이야기하기는 어렵다. 체면이 깎이지 않는 범위 내에서 이야기를 끌어간다.

자신에게 현재 부끄럽거나 자존심 상하는 내용을 포함해 아무런 제한 없이 마음을 터놓고 생각을 풀어갈 친구가 있는지 물어보라. 세 명은커녕 단 한 명이라도 있다고 자신 있게 고개를 끄덕이기 어렵지 않은가. 그 정도의 전면적 관계는 아니어도, 수십 년 관계를 이어가는 '평생 친구'는 언제부터의 관계인가? 중, 고등학교 때부터 친구였던 경우가 대부분이다.

대학과 사회 친구는 조건이 바뀌면 관계가 끊어지거나 옅어지곤 한다. 대학만 가도 친구 사이에 이해관계가 작용한다. 나아가 직장을 비롯해 사회생활을 하면서 학창 시절에는 생각지 못하던 상황을 맞닥뜨린다. 현실의 경쟁적인 삶에 몰두하면서 연락이 뜸해지기도 한다. 세상을 바라보는 눈에도 적지 않은 차이가 생긴다.

그 결과 조건이 달라지거나 이해 갈등이 생기는 순간 관계가 멀어지거나 끊어지곤 한다. 이에 비해 청소년 시기의 친구와는 이익, 손해와 무관하게 관계를 맺었기 때문에 다소 문제가 생겨도 이어질 가능성이 크다. 그렇기 때문에 여러 가지 우여곡절을 겪더라도 청소년 시기에 사귄 친구를 평생 이어가는 사람이 많다.

그렇다면 청소년은 진정한 친구와 평생 친구를 만들 가장 중요한 시기다. 공부만큼이나 우정도 때가 있는 것이다. 자녀에게 친구는 대학 이후에 사귀어도 되니 지금은 공부만 하라고 요구하는 순간, 어떤 면에서는 자녀를 평생 외로운 사람으로 살아가도록 만든다. 십 대에 친구와 자주 어울리고 싶은 감정은 그만큼 자연스럽고 절실하다.

첫사랑은 어떠한가? 먼저 첫사랑의 '첫'이 무엇을 의미하는지 살펴보자. 보통은 시간적 의미에서의 '처음'을 생각한다. 물론 그러한 의미를 포함한다. 하지만 오랜 기간 인류가 겪은 집단적 경험을 고려하면 시간적 의미를 넘어서는 부분이 있다.

먼저 첫사랑이라는 말과 함께 동시에 떠오르는 상징을 통해 '첫'의 의미에 다가서 보자. 서구 문화에서 첫사랑의 상징은 영국 극작가 윌리엄 셰익스피어의 《로미오와 줄리엣》 주인공들이다. 영국 화가 프

프랭크 딕시, 〈로미오와 줄리엣〉, 1884년

인간에 대한 편견의 말

랭크 딕시Frank Dicksee(1853~1928)의 〈로미오와 줄리엣〉은 소설의 한 장면을 담는다.

로미오가 창문으로 올라가 줄리엣과 달콤한 키스를 나눈다. 소설에 의하면 두 사람은 가면무도회에서 처음 만난다. 첫눈에 반한 후에 로미오는 몇 차례 담을 넘어 이층 창문을 통해 줄리엣의 방을 찾아간다. 줄리엣이 잠옷을 입은 상태로 봐서는 예상치 못한 방문이었음을 알 수 있다. 창문에 걸터앉은 로미오에게 달려들어 열렬한 키스를 퍼붓는 중이다.

꼼꼼하게 살펴보면 로미오가 창문으로 들어오는 순간은 아니다. 소설에서 로미오는 들키지 않도록 어두운 밤에 찾아간다. 그런데 그림은 바깥에서 빛이 들어오고 있다. 창문 바깥으로 먼 산에서 막 동이 튼다. 밤새 한 방에서 시간을 보내고 새벽이 되어 떨어지지 않는 발걸음을 옮겨 창문을 통해 돌아가는 순간이다. 이러한 사정을 고려하면 키스 장면에서 로미오를 보내고 싶지 않은 애틋한 마음이 느껴진다. 연인과 조금이라도 더 함께 있고 싶어 하는 절실한 감정을 여과 없이 보여준다.

눈여겨볼 부분은 둘의 나이다. 줄리엣은 14세다. 로미오도 그 언저리 연령이다. 또 하나 자세히 볼 부분은 첫사랑의 감정적 특징이다. 두 사람의 집 안은 원수 관계다. 먼 친척과 하인들까지도 툭하면 싸우는 바람에 하루도 조용한 날이 없다. 하지만 두 사람은 어른들의 이해관계를 뛰어넘는 순수한 감정을 보여준다. 로미오는 "원수의 딸이라

니! 그러나 절대로 그녀를 잊을 수 없다"라고 한다. 줄리엣도 마찬가
지다. "원수를 사랑해야 되다니! 당신의 몸과는 아무 상관이 없는 그
이름 대신에 이 몸을 고스란히 가져가세요."

한국 문화에서 첫사랑의 상징인 《춘향전》의 주인공 춘향과 이몽
룡도 비슷한 맥락으로 이해할 수 있다. 로미오나 줄리엣과 마찬가지
로 십 대 중반인 16세다. 현실의 이해관계를 넘어선 순수한 감정이라
는 점도 비슷하다. 춘향은 기생 월매의 딸이고, 이몽룡은 고을 수령의
아들이니 신분의 벽이 가로막고 있다. 월매에게 이몽룡은 "신세는 다
를망정 평생 기약 맺을 적에 정식 절차 아니 밟은들 바다같이 깊은 마
음 춘향이 사정 모를쏜가. 내 부모 때문에 염려 말고 장가들기 전이라
고 염려마소"라며 신분에 구애받음 없이 사랑하겠다고 맹세한다.

러시아 소설가 이반 투르게네프Ivan Turgenev의 《첫사랑》도 첫사랑의
상징으로 통하는 소설이다. 16세 소년 페트로비치가 이웃집 공작부
인의 딸을 통해 사랑에 눈뜨는 과정을 묘사한다. 부모와 어른들은 청
소년의 사랑에 현재와 비슷한 반응을 보인다. 어머니는 "시험 준비와
공부를 해야 할 네가 그 집에 드나들 이유는 전혀 없겠지"라며 만류
한다. 루신 박사도 "아직 젊으니 공부해야 할 텐데, 무엇을 하는 겁니
까?"라고 충고한다. 대학입시를 앞두고 있고, 공부는 때가 있으니 사
랑은 시간 낭비라는 것이다.

하지만 한번 시작된 첫사랑의 감정은 그런 충고로 사그라지지 않
는다. 이제 소년이 아니라 사랑에 빠진 남자가 되었기 때문이다. 열정

이 피어올랐고, 동시에 고통도 시작되었지만 벗어나고 싶지 않은 감정에 사로잡힌다. 그는 자신이 겪는 감정을 다음처럼 설명한다. "그 시절 내 머릿속에 여인의 형상이나 사랑의 환영이 구체적인 형태로 떠오른 적은 한 번도 없었다. 하지만 내가 생각하고 느끼는 모든 것에 말로 표현할 수 없이 달콤하고 새로운 여성적인 어떤 것에 대한 예감이, 반쯤은 희미하게 부끄러운 듯 감추어져 있었다."

이전까지는 사랑이나 사랑하는 사람에 대한 어떤 구체적인 관념도 없었다. 그 소녀가 나타나기 전에 아무것도 몰랐다. 아무것도 생각할 수 없을 정도로, 누군가가 자기 영혼을 사로잡은 느낌을 처음으로 겪는다. 사람들이 소녀의 여러 문제를 지적하고, 성공을 위해 현재의 욕구를 억제하라고 충고하지만, 꿈속을 걷는 감정 이외에는 생각이 나지 않는다. 세상의 이해관계에서 벗어나 누군가에게 투명하고 순수한 마음으로 다가서는 경험이다.

그러한 의미에서 첫사랑의 '첫'은 단순히 시간적 의미에 머물지 않는다. 때 묻지 않은 순수함으로 누군가를 좋아한다는 점에서 처음으로 갖는 감정 '상태'다. 그런데 이러한 감정은 청소년 시기를 넘어서는 순간 거의 찾아오지 않는다. 자신이나 주변의 경험을 생각해 보라. 대부분 대학만 가도 순수한 사랑 감정에서 벗어난다. 상대가 대학을 다니는지 아닌지를 고려한다. 심지어 어느 대학에서 공부하는지조차 따진다.

'조건'이 감정을 대신하거나 최소한 섞여 들어간다. 직장을 다니면서는 조금 더 노골적으로 변한다. 상대의 연봉이나 직장의 안정성 등을 고려한다. 혹은 집 안을 따지기도 한다. 더 이상 순수한 '첫'사랑을 할 수 없는 마음 상태다. 그렇기에 공부는 때가 있으므로 첫사랑은 대학을 가거나 성공 기반을 만들고 나서 하라고 강요하는 순간, 평생 단 한 번 경험하는 첫사랑 기회를 빼앗는 것일 수 있다.

공부만 때가 있는 것이 아니다. 우정도 때가 있고, 첫사랑도 때가 있다. 청소년 시기에 충분히 겪어야 하는 소중한 경험이다. 공부는 때가 있다는 말로 나머지를 배제할 때 한 인간으로서 균형을 상실한다. 왜곡된 감정과 관계 안에서 비뚤어지고 결핍된 삶을 살아야 한다.

취미 활동과 다양한 독서도 마찬가지다. 이 시기에 형성된 취미가 성인으로 이어지면서 풍요로운 일상을 만든다. 풍부한 독서 습관이 호기심과 창의성을 형성하고, 평생 책을 가까이하도록 영향을 준다. 우정과 사랑, 취미와 독서 등 청소년이 하고 싶은 대부분 욕구는 그 시기에 충족되어야 하는 것들이다. 때를 놓치면 다시 경험하기 어렵고, 평생 결핍을 안고 살아갈 가능성이 크다. 그러므로 '공부는 때가 있다'는 왜곡된 상식은 청소년의 삶과 감정을 좁은 감옥 안에 가두는 위험한 생각이다.

누구를 위한 상식인가?

- 에리히 프롬《소유냐 존재냐》

왜곡된 상식이 오랜 기간 강력한 힘을 발휘하는 데는 아주 매력적인 요인이 뒷받침하기 때문이다. 부모의 자식을 향한 사랑이라는 동기다. 자식 잘되라고 하는 말이기 때문에 문제 될 게 없다는 식이다. 문제는 그 '잘되는' 것의 판단이 철저하게 부모와 어른의 관점이라는 것이다. 앞서 살펴보았듯이 우정과 첫사랑을 비롯해 청소년의 욕구 가운데 상당 부분도 공부만큼이나 때가 있다는 점에서 올바른 관점도 아니다.

나아가 부모의 자식 사랑이라는 근거에 대해서도 반성적 성찰이 필요하다. 사실은 사랑이라는 이름으로 상대에게 큰 고통을 줄 수도 있기 때문이다. 그러므로 진정한 사랑인가를 따져봐야 한다. 이와 관련해서는 대표적인 사회심리학자 중 한 사람인 에리히 프롬[Erich Fromm]이《소유냐 존재냐》에서 제기한 주장에 주목할 필요가 있다.

"사랑은 상대의 생명력을 증대시킨다. … 사랑이 소유양식에서 경험될 때 대상을 구속하고 감금하고 또는 지배한다. … 얼마나 많은 어버이가 자식을 사랑하고 있는지는 여전히 완전 미해결의 문제다. 이천 년간의 서양 역사에서 보고된 육체적, 정신적 고문 등 자식에 대한 잔혹행위, 무관심, 완전한 소유화 그리고 사디즘이 너무나도 충격적이기 때문에 자식을 사랑하는 어버이는 통례라기보다 오히려 예외라고 믿어야 할 정도다."

사랑이라고 해서 다 같은 사랑이 아니다. 프롬에 의하면 부모 관심에도 올바른 사랑과 그릇된 사랑이 있다. 존재로서의 사랑과 소유로서의 사랑은 서로 반대 방향으로 향한다. 존재로서의 사랑은 상대에게 생명을 주고 그 생명력을 끌어올린다. 사랑의 전제가 상대를 하나의 독립적인 존재로 인정하는 데서 출발한다.

자녀라고 해도 하나의 독립적인 인격체로 인정하고 소통할 때 생명력은 자연스럽게 활성화된다. 존재의 인정은 상대 욕구를 존중한다는 것을 의미한다. 자녀가 청소년이라면 질풍노도의 시기라고 표현할 정도로 열정이 뿜어져 나오는 특징을 온전히 수용한다. 그러면 다소 정제되지 않고 과도한 면이 있더라도 자녀는 원하는 바를 수긍하고 부모의 희망과 조율하기에 자발성이 생긴다. 내부에서 시작된 욕구와 소망이 부모의 외적 자극과 만나면서 상승하는 과정이기 때문에 생명력이 보존되고 고양되는 방식의 사랑이다.

하지만 소유로서의 사랑은 전혀 다르다. 자녀를 부모에 속한 존재로 생각하기에 일방적이다. 자녀에게 생각을 주입하고 강제한다. 자녀 욕구보다 부모 욕구가 우선된다. 두 욕구가 충돌하면, 자녀 욕구는 잘못되었거나 부질없는 것으로 치부된다. 부모가 생각하는 세계관과 인생관을 자녀 생각 속에 심어놓고 그 안에서 행동하도록 요구한다.

하지만 무조건 강요만 할 경우 자녀의 반발이 불을 보듯 뻔하다. 결과적, 본질적으로는 강요지만 겉으로는 어떤 설득이라는 형식을 가질 필요가 있다. 한국 사회에서는 이때 '공부는 때가 있다'는 논리가 단골로 사용된다. 공부와 성적 이외 모든 욕구와 가치는 부차적 요소나 방해 요소로 치부한다. 기껏 인정해 봐야 나름의 긍정적인 면은 있지만 지금은 아니고, 대학에 합격한 이후에 관심을 가지면 되는 것일 뿐이다. 그러한 의미에서 상대를 구속하고 지배하는 사랑, 생명력을 약화하는 사랑이다.

프롬이 보기에 현실에서 부모의 자녀 사랑은 대부분 소유로서의 사랑이다. 자식을 진정 사랑하는 부모가 매우 드물다니 충격적이다. 게다가 자녀에 대한 무관심, 심지어 잔혹 행위나 사디즘이라는 표현까지 등장하니 너무 심한 논의가 아닌가 싶은 사람이 많을 것이다.

하지만 한국의 부모가 '학부모'라는 형식으로 중, 고등학생 자녀는 물론이고 심지어 초등학생에게조차 강요하는 행위를 돌이켜 봐야 한다. 잔혹함과 사디즘으로 표현할 만큼의 가혹 행위를 자행한다. 다른 나라 기준으로 보면 학대에 가깝다. 학교에서 벗어났다고 해서 끝나는 게 아니다. 방과 후나 주말에 과외와 학원 등을 전전한다. 시험 성적으로 일등부터 꼴찌까지 줄 세우는 입시 정책 때문에 성적의 노예로 전락한다. 공부도 개인 취향은 거의 무시된다. 모든 학생이 입시 핵심 과목인 국어, 영어, 수학에 획일적으로 몰입해야 한다.

한국청소년정책연구원이 초, 중, 고등학생 9천 60명을 대상으로 실시한 '아동청소년 인권 실태조사'에 따르면 학교 수업 이외에 하루 공부 시간이 3시간 이상인 경우가 45.6퍼센트에 이른다. 놀랍게도 이 응답 비율에서 초등학생이 41.4퍼센트고 고등학생이 48.6퍼센트다. 공부 시간과 잠자는 시간 이외의 여가 시간이 하루 2시간 미만이라고 답한 경우가 44.2퍼센트에 달한다. 고등학생은 54.8퍼센트, 심지어 초등학생조차 34.5퍼센트다. 일주일 동안 전혀 운동하지 않는다는 청소년도 23.5퍼센트나 된다.

입시 지옥이라는 집단적 트라우마에 시달린다. 극심한 신체적, 정신적 고통을 겪어야 한다. 필연적으로 신체적 고통이 뒤따른다. 장기간 부동자세와 운동 부족, 일상적인 수면 부족에 고통을 받는다. 조사에 따르면 서울의 초, 중, 고등학생의 평균 수면 시간이 채 6시간이 되지 않는다. OECD 어느 나라보다 훨씬 적은 청소년 수면 시간이다. 미국 청소년들이 평균 10시간이 넘고, 한국처럼 입시지옥이 심하다는 일본조차 평균 7시간 42분이다. 한국 청소년이 얼마나 신체적 학대에 시달리는지 알 수 있는 대목이다.

정신적 고통도 극심하다. 공부와 성적만을 절대화하는 현실에서 청소년은 일상에서 재미를 찾을 길이 없다. 힘들고 괴로운 나날을 감수해야만 한다. 자퇴하고 싶다거나 자살하고 싶다는 학생이 적지 않다. 같은 조사에서 청소년 28.8퍼센트가 학교를 그만두고 싶은 생각을 한다. 최근 일 년간 죽고 싶다고 생각해 본 청소년이 무려 33.8퍼센트에 이른다.

초등학생에게 이 정도의 공부를 요구할 정도면 '잔혹 행위'라는 표현이 과도하다고 볼 수 없다. 따지고 보면 '사디즘'이라는 표현도 지나치다고 볼 문제가 아니다. 청소년은 대부분 자신의 여가 시간이 너무나 부족하다고 여긴다. 하지만 거의 모든 부모가 적당하다는 반응을 보인다. 여가를 최소화하고 공부 시간을 극대화하는 현실에 만족스러워한다는 뜻이니, 가학을 통해 만족감을 얻는 사디즘과 무관하다고 하기 어렵다.

자녀가 공부 이외의 분야에 갖는 관심이나 욕구, 예를 들어 우정과 첫사랑과 취미 등에 별로 궁금해하지 않는다는 점에서 '자녀에 대한 무관심'도 분명한 편이다. 자녀가 공부와 성적 때문에 고민하면 같이 공감하고 해결하기보다는 '학생이 다 그런 거지'라며 넘어가기 십상이다. 실질적으로 무관심과 다름없다.

공부는 때가 있다는 상식은 결국 '누구를 위한' 상식인가의 문제다. 늘 부모와 어른은 청소년을 위해서라고 강조해 왔다. 하지만 에리히 프롬이 비판한 소유로서의 사랑, 왜곡된 부모의 사랑이 가장 전형적으로 나타나는 것이 우리의 현실이다. 일방적으로 기준을 강제한다는 점에서, 청소년의 감정과 욕구를 철없는 충동으로 치부한다는 점에서 부모와 어른을 위한 상식이다.

청소년 시기에 공부를 소홀히 해도 상관없다는 의미가 전혀 아니다. 문제는 공부 외의 다른 욕구와 가치는 때가 없기에 나중에 하면 된다는 사고방식에서 온다. 하지만 앞서 보았듯이 공부만큼 꼭 필요한 감정과 욕구가 있다. 친구와 충분히 어울리고, 첫사랑의 설레는 경험을 하고, 여행을 비롯해 다양한 체험을 하는 것도 공부만큼 중요하다.

　모든 생명체는 그 시기에 가장 필요한 것을 욕구하는 본능을 지닌다. 제철에 나오는 과일이 입에 당기고, 몸에 더 많은 에너지 보충이 필요할 때 잠이 오는 것과 같은 이치다. 청소년은 부모의 영향 아래 살아가는 유년기와 소년기에서 벗어나 자신의 의지로 생각하고, 관계를 맺고, 미래를 찾기 시작한다. 자연스럽게 여러 분야로 관심과 에너지를 분출한다. 부모와 어른의 역할은 다양한 욕구를 인정함으로써, 청소년들이 경험을 확장하고 가능성을 현실화하도록 지지하고 지원하는 데 있다.

chapter
4

/

찬물도
위아래가 있다

그랜트 우드, 〈아메리칸 고딕〉, 1930년

◇

너 몇 살이야?

미국 화가 그랜트 우드 Grant Wood (1891~1942)의 〈아메리칸 고딕〉은 어딘
지 우리에게도 익숙한 표정을 느끼게 한다. 미국 중서부에 있는 아이
오와주의 농민 부부 초상화다. 중서부는 미국 최대의 '곡창지대'로 잘
알려진 지역이다. 미국에서 상대적으로 보수 성향이 강하다. 다른 지
역보다 종교적으로 더 결속되어 있고, 전통적인 가족관을 훨씬 더 중
시한다. 지금까지도 미국 정치에서 보수를 대표하는 공화당의 주요
지지 기반 역할을 한다.

　우드를 비롯한 몇몇 미국 미술가들은 유럽 정서에서 벗어나 미국
정서를 묘사하고자 했다. 이를 위해 미국 정신의 본고장으로 생각하
는 중서부 모습을 캔버스에 담았다. 배경으로 중서부에서 흔히 볼 수
있는 고딕식 뾰족한 지붕의 농가가 보인다. 일반적으로 도시는 기존
규범에서 벗어나는 새로운 시대의 사고방식에 적극적이다. 이에 비
해 농촌은 전통적인 정신과 행위가 완강하게 생명력을 유지한다. 우
드는 미국 중서부의 보수적, 권위적 특성을 두 인물을 통해 절묘하게
드러낸다.

완고한 구세대 어른의 전형적인 이미지다. 흰색 셔츠에 검은색 겉옷이 전통적인 가치관을 보여주는 듯하다. 셔츠의 맨 윗부분 단추까지 채운 모습에서 한 치의 타협 없이 과거의 사고방식과 습관을 유지하며 살아가는 일상이 느껴진다. 웬만해서는 열지 않을 듯 꾹 닫은 입도 거든다. 삼지창처럼 생긴 농기구를 단단히 붙잡고 있는 손에서 외지인을 경계하고 변화를 받아들이지 않으려는 고집스러움이 풍긴다.

시선을 통해서도 전통적인 가치관을 전달한다. 남편은 정면의 감상자를 향해 흔들리지 않는 눈길을 보낸다. 감정을 드러내지 않는 굳은 표정으로 뚫어지게 본다. 이에 비해 아내는 뒤편에 서서 눈길을 살짝 측면으로 보낸다. 남성에 순응하는 수직적인 시선 배치로 남성 중심의 가부장적인 부부 관계를 보여준다. 그림에는 보이지 않지만 이 남성은 자녀에게도 매우 엄격하게 규칙을 정하고 항상 엄수하도록 요구했을 듯하다.

두 사람이 풍기는 보수적, 권위적 이미지가 왜 우리에게도 익숙할까? 우리 주변에서도 어렵지 않게 보는 표정이기 때문이 아닐까? 노년이나 중년, 장년처럼 흔히 기성세대라고 불리는 사람들에게서 어렵지 않게 발견하는 이미지다. 혹은 소년기와 청소년기에 나를 훈계하거나 야단치는 부모에게서 본 표정일 수도 있다.

특히 한국 사회는 지난 수십 년 사이에 경제적 근대화와 정치적 민주화를 겪었음에도 아직 전근대적 사고방식이 폭넓게 의식을 지배하고 있다. 귀족, 평민, 노비로 엄격하게 구분되는 신분제도와 이에 뿌리를 둔 왕권 체제를 유지하려고 만든 유가의 사고방식과 행동 방식이 여전히 맹위를 떨친다. 가족 사이의 관계는 물론이고 다양한 사회 관계에서 기성세대의 보수적인 분위기가 두드러진다.

물론 어느 사회나 새로운 세대보다 기성세대에게서 기존의 질서와 규범에서 벗어나기를 거부하는 완고한 태도가 나타나는 경향이 있다. 하지만 유럽은 프랑스대혁명을 비롯한 시민혁명을 통해 봉건적 사고방식과 신분적 위계 체제와 단절한 뒤에 근대적 사회경제 체제를 만들었다.

하지만 한국은 유교적 의식과 관계가 상당 부분 해체되지 않은 채 식민지를 경과하고 해방을 맞이했다. 비록 신분제도 자체는 사라졌지만 그 근간을 이루는 의식과 관계는 여전히 큰 힘을 발휘한다. 그 위에 근대적 시장경제가 이식된 기형적 체제가 만들어졌기에 흔히 '유교 자본주의'라고 부르기도 한다.

그렇기 때문에 근대적 산업국가 가운데 한국의 기성세대는 그 어느 나라보다도 보수적인 사고방식과 인간관계가 강하게 남아 있다. 물론 우드의 그림 속 인물에게서 보이는 전근대적 특징이 한국만의 고유한 현상은 아니다. 하지만 미국과 유럽의 경우 농촌을 중심으로 한 특정 지역에서 주로 발견된다. 이에 비해 한국은 정도의 차이는 있지만 대도시와 농촌을 가리지 않고 기성세대의 전반적 현상으로 나타난다.

한국에서 기성세대를 표현할 때 '꼰대'라는 말을 유행처럼 사용하는 것이 이를 잘 보여준다. 권위적 사고를 가진 어른을 비하하는 은어다. 경험을 일반화해서 자신보다 지위가 낮거나 나이가 어린 사람에게 일방적으로 강요하는 기질이다. 꼰대라는 말을 수도 없이 사용할 만큼 보수적, 권위적 사고방식에 집착하는 사람이 매우 많다.

전근대적 기질은 가정 내 부모와 자녀의 관계, 직장 내 상사와 부하 직원의 관계, 나아가서는 정치권력과 사회 구성원의 관계 등 다양한 영역에 걸쳐 나타난다. 과거와는 다른 방식으로 유지될 수밖에 없다. 전통사회가 강제적 신분 질서와 종교적 규범으로 유지되었다면, 어찌 되었든 현재 한국 사회는 적어도 법적, 제도적으로는 신분제에서 벗어났기에 다른 수단을 사용한다. 심리적 장치를 통해 사회 구성원이 자발적으로 권위 체제에 순응하도록 만든다.

한국 사회에서 보수적, 권위적 문화의 정당화에 가장 효과적으로 사용하는 심리적 장치가 바로 엄격한 나이 구분이다. "찬물도 위아래가 있다"라는 말이 대표적이다. 찬물을 마시는 일조차 나이 많은 사람을 우대해야 한다는 말이다. 누구나 마실 수 있는 찬물조차 그러하니 나머지는 말할 필요도 없다. 살아가면서 맞닥뜨리는 모든 것에, 나이에 따른 엄격한 구분과 서로 다른 대우가 있어야 한다는 요구다. 나이 많은 사람이 언제나 우선이어야 한다.

조선 시대 이후 상식으로 자리 잡은 유가적 가치 가운데 가장 뿌리 깊게 영향을 미치는 '장유유서長幼有序'의 또 다른 표현이다. 다섯 가지 절대적 규범에 속하는 '오륜' 중 하나로 어른과 어린아이 사이에는 사회적 순서와 질서가 있다는 말이다. 장유유서는 시민혁명을 통해 전통사회와의 체계적인 단절을 경험하지 못한 우리에게 여전히 깊게 박혀 있다.

나이에 대한 구분이 유별나다. 초, 중, 고등학교는 물론이고 대학교에서도 불과 한두 살 차이조차 엄격하게 나누고 이에 따라 처신하도록 강제한다. 심지어 직장에서 같은 일을 하는 직원들 내에서도 중요하게 따진다. 신입 사원을 모집할 때 직원들보다 나이가 몇 살이라도 많으면 결격사유에 해당한다. 부서 내에서 신입 사원의 나이가 더 많으면 공연히 불편한(?) 일이 생긴다는 우려 때문이다. 나이를 통한 일방적 권위 행사에 불편함이 생기기 때문이다. 나이가 권위와 거의 동의어로 쓰이는 상황이다.

어느 모임을 가도 처음에 통과의례로 겪어야 하는 절차가 나이를 밝혀 위아래를 구분하는 일이다. 심지어 같은 출생 년도라도 '빠른'과 '늦은'으로 위아래를 구분한다. 사람들 사이의 다툼이 격화할 때도 흔한 매개가 된다. 대체로 언쟁하다 어느 순간 "너 몇 살이야?"라는 말이 나온다. 이어서 "어린놈이 왜 반말이야!"라는 호통이 튀어나온다. 이때부터 본래 언쟁이 일어났던 내용은 사라지고 그냥 감정 싸움이나 신체 충돌만 남는다.

◇

노인과 소년이 친구라고?

나이에 따라 다르게 대우하는 게 당연하고, 어느 사회나 마찬가지 아 니냐며 갸웃거릴 수 있다. 물론 동서양을 막론하고 전통사회에서는 연장자를 우대하는 경향이 있었다. 하지만 앞서 언급했듯이 근대 시 민혁명을 통해 전근대적 전통과 단절하면서 나이에 따른 태도에 상 당한 변화가 생겨났다. 자유롭고 평등한 개인 간의 관계를 가로막는 신분과 나이에 의한 수직적 관계의 차별이 급격히 약화하고, 상대적 으로 수평에 가까운 관계가 확대되었다.

　우리에게 잘 알려진 미국 소설가 어니스트 헤밍웨이^{Ernest Hemingway} 의《노인과 바다》주인공인 노인과 소년의 관계를 통해 그 일단을 볼 수 있다. 아래는 노인 산티아고와 소년 마놀린이 대화를 나누는 영화 〈노인과 바다〉의 장면이다.

어린 시절에 처음 읽었을 때, 노인과 소년이 친구에 가까운 관계라는

점이 인상적이었다. 84 일 동안 날마다 빈 배로 돌아오는 노인을 보며 가슴이 아팠던 소년이

영화, 〈노인과 바다〉, 1958년

"제가 테라스에서 맥주를 한잔 살 테니 드시고 나서 고기잡이 도구를 나르도록 하죠"라고 하자, 노인이 "좋은 생각이야. 어부들 사이니까 사양은 필요 없지"라고 대답한다. 오십 년 가까이 벌어진 나이 차이가 전혀 느껴지지 않는다. 평소에 허물없이 지내는 친구 분위기다.

이 영화 장면에서의 대화도 마찬가지다. 몇 달 동안 고기를 한 마리도 낚지 못해 놀림감이 된 노인을 찾아와 위로하는 모습이다. 다음 날 노인이 미끼로 쓸 정어리를 구하러 일어서면서 "어제 신문이 있으니까, 야구 기사나 읽어야겠다"라고 한다. 신문을 펼쳐든 모습을 본 소년이 돌아오거든 야구 이야기를 해줘야 한다고 하자, 노인은 양키 즈가 이길 게 뻔하지라며 대꾸한다. 소년이 고개를 갸우뚱하며 상대 팀 전력이 만만치 않다며 반론을 제기하자, "양키즈를 믿어. 위대한 디마지오 선수가 있잖니"라며 옹호한다. 야구를 좋아하는 친구들 사이에 흔히 있을 법한 대화다.

다음 날 어두워질 때까지, 낚싯바늘을 입에 문 채로 도망가는 거대한 물고기를 쫓는 과정에서도 노인은 끊임없이 소년을 떠올린다. 고기가 계속 저항하는 바람에 심신이 지친 노인은 "소년이 있었더라면 얼마나 좋을까. 나를 도와줄 수도 있을 텐데 말이야"라며 소리친다.

노인은 사투 끝에 대어를 잡고 항구로 향한다. 하지만 상어 떼에게 무차별 공격을 당해 앙상하게 뼈만 남은 고기를 배에 달고 돌아온다. 소년은 노인의 마음을 헤아려 마을 사람들에게 "모두 할아버지를 귀찮게 하지 말아주세요"라고 당부한다. 오랜 잠에서 깨어난 노인이 옆을 지키고 있는 소년에게 네가 없어서 정말 쓸쓸했다고 한다. 소년은 위로와 격려의 말을 건넨다. "이젠 같이 나가서 잡기로 해요." 노인이 운이 다된 듯하다며 의기소침해하자, 운은 자기가 가지고 가면 된다고 힘을 북돋는다.

우리가 흔히 경험한 바로는 노인이 표정으로 근엄하게 타이르면 소년은 공손한 자세로 어른 말씀에 귀 기울여야 한다. 말대답이나 반론을 하면 당장 버릇없다는 말을 듣기 십상이다. 하지만《노인과 바다》에서 노인과 소년 사이에 일방적 훈계나 권위 행사는 볼 수 없다. 대등한 연령대의 친한 사이로 의논하고 서로 도움을 주는 느낌이다.

꾸며낸 소설 속에서나 있을 법한 장면이 아니다. 외국인들이 처음 한국에 와서 여행하며 겪는 이야기를 소개하는 예능 프로그램이 있다. 영국 편에서 아주 의아스러운 장면을 본 적이 있는데, 이십 대 청년 세 명과 육십 대 노인이 함께 와서 스스럼없이 어울리는 모습이었다. 청년들은 다른 친구에게 대하는 바와 차이 없이 그를 대했다. 농담을 던지고 장난을 치기도 했다. 노인 역시 조금의 권위 의식도 없이 어울렸다. 장난만 치는 것이 아니라 서로 속내를 꺼내놓고 진지한 대화를 나누기도 했다.

나중에 이렇게 어울리게 된 사유가 밝혀졌다. 노인의 아들이 젊은 나이에 산악 사고로 목숨을 잃었다. 이후 친구들은 죽은 친구의 아버지와 함께 자전거 라이딩 기부 캠페인에 참여하면서 친구처럼 대하게 되었다. 노인도 아들의 친구들과 격의 없이 지냈다. 청년들 가운데 한 사람은 노인을 가리켜 내 친구이며 두 번째 아버지라고 소개했다. 평소에 자연스럽게 어울렸기에 한국에 와서도 서로 편하게 농담을 주고받으며 나이를 초월한 우정을 자랑했다.

한국에서는 노인과 청년들이 툭툭 치며 농담을 주고받는 사이가 너무나 이상하게 보인다. 학교에서 한 학년, 사회에서 한 살 차이로 선후배를 엄격하게 구분하고 위계에 따른 처신을 요구하는 관행을 온몸으로 익혀온 우리에게는 낯선 장면이다. 하지만 영국 청년들에게는 신기한 듯 바라보는 우리가 오히려 이상하게 느껴질 뿐이다.

하물며 몇 살 차이라면 수평적인 관계 형성에 더욱 문제 되지 않는다. 자주 접하는 미국과 유럽의 영화 또는 드라마에서도 서너 살의 나이 차이를 따지며 갈등이 일어나는 경우를 찾아보기 어렵다. 더군다나 "너 몇 살이야?"를 따지며 다투는 장면을 본 기억이 없다. 나이 차이를 수직적인 관계로 보지 않는 사회 인식이 있기에 나타나는 현상이다.

찬물도 위아래를 구분하는 사고방식은 한국 사회에서 '나이주의 ageism'의 주요 근거로 작용한다. 나이주의는 나이를 기준으로 위아래를 정함으로써 서로 다른 역할을 요구하고, 심한 경우 차별까지 정당화하는 사고방식과 사회현상을 의미한다. 학교에서 한 학년 선배라는 이유로 후배에게 인사하도록 강요하고, 직장에서조차 이른바 군기를 잡는 행태를 보이기도 한다.

◇

위아래가 없어야 우정이다
- 마르쿠스 툴리우스 키케로 〈우정에 관하여〉

찬물도 위아래가 있다는 사고방식에서 벗어날 때 연령 차이를 넘어서는 우정이 만들어진다. 친구를 같은 나이에서의 관계로만 보는 잘못된 상식은 우정을 협소하게 만들고 우정의 진정한 의미를 왜곡한다. 이와 관련해서는 고대 로마의 정치가 겸 저술가인 마르쿠스 툴리우스 키케로^{Marcus Tullius Cicero}가 〈우정에 관하여〉에서 밝힌 다음 내용에 주목해야 한다.

> "모두 조금이라도 자유민답게 살기를 원한다면 우정 없는 인생은 인생이 아니라고 믿고 있다네. … 우정에서 가장 중요한 것은 윗사람이 아랫사람과 동등해지는 것이네. … 우정에서 윗사람은 자신을 친구의 수준으로 낮춰야 할 뿐만 아니라 아랫사람인 친구를 어떻게든 자기 수준으로 끌어올려야 하네. … 나는 젊었을 때 존경할 만한 노인들과 만났다네. 나는 늙은이가 된 지금은 젊은이들과 우정을 즐기고 있다네."

우정은 인생에서 소중한 가치 중 하나다. 우정을 자유민으로서의 삶과 연결하는 점이 흥미롭다. 정치가든 공직자든, 학자든 직업인이든 자유인이라면 우정을 중시할 수밖에 없다는 것이다. 왜 키케로는 서로 무관해 보이는 '위아래'를 연결할까? 자유의 의미를 조금만 더 깊이 음미하면 어렵지 않게 이해된다.

자유는 기본 개념으로 보자면 억압에서 벗어난 상태다. 억압은 위계 체제 안에서 일방적으로 강요하는 상황에서 발생한다. 자유와 억압은 추상적 이념이나 상황이 아니다. 현실 사회에서 다양한 인간과 집단 사이의 관계와 밀접한 연관을 갖는다. 그렇기 때문에 자유는 수직적 관계를 벗어난 수평적, 상호적 관계에서 실현된다.

우정은 위아래가 동등할 때 이뤄진다. 키케로가 말하는 윗사람은 이중적 의미를 지닌다. 하나는 나이가 더 많은 사람이다. 키케로도 스스로 청년일 때는 노인들과, 노인일 때는 청년들과 적극적으로 친구 관계를 맺었다. 다른 하나는 높은 신분을 가진 사람이다. 윗사람이 다른 사람과 우정을 형성하려면 자신보다 어리거나 신분이 낮은 친구보다 조금도 잘난 척하지 않고 동등한 관계를 유지해야 한다. 자신을 친구의 수준으로 낮추거나 친구를 어떻게든 자기 수준으로 끌어올려야 한다.

신분과 나이의 차이에도 불구하고 동등하게 대할 때 우정이 만들어진다. 친구라면 부당하게 간섭받을 우려와 두려움 없이 자신을 드러낼 수 있어야 한다. 동등한 사이 안에서 자유롭게 서로에 대한 생각을 밝힐 수 있다. 그렇기 때문에 진정 자유로운 삶을 누리고자 하는 사람은 서로 동등하게 대하는 우정을 중시해야 한다. 우정 없는 인생

라파엘로 산치오, 〈아테네 학당-부분〉, 1511년

은 자유로운 인생이 아닌 것이다. 키케로의 문제의식에 의하면 찬물도 위아래를 구분하는, 나이로 위계를 나누는 사고방식은 사회 구성원 사이의 우정을 가로막고 자유를 훼손한다.

그리스 철학자 소크라테스도 나이를 내세우지 않고 청년들과 우정을 맺은 사람이다. 이탈리아 르네상스 전성기를 대표하는 라파엘로 산치오Raffaello Sanzio(1483~1520)의 〈아테네 학당-부분〉은 청년들과의 소통에 적극적이었던 그의 일상을 잘 보여준다. 플라톤과 아리스토텔레스를 중심으로 수많은 그리스 철학자가 등장하는 전체 그림의 일부분이다.

오른편에 녹색 옷을 입고 대화에 열중하는 사람이 소크라테스다. 화가는 들창코와 앞머리가 벗겨진 모습으로 그를 표현했다. 그 옆에 파란 옷을 입은 젊은 사람이 청년기 알렉산드로스 대왕이다. 왼편으로 투구를 쓰고 군인 복장을 한 사람은 청년 장교였던 알키비아데스이다. 소크라테스는 나중에 "내가 사랑한 것은 알키비아데스와 철학뿐"이라고 이야기했을 정도로 친밀한 관계였다.

소크라테스가 일상적으로 아테네 청년들과 어울려 토론하기를 즐겼음은 잘 알려진 사실이다. 플라톤의《테아이테토스》에서 소크라테스가 한 다음의 말은 나이 차이를 뛰어넘어 청년들과 우정을 쌓고 대화를 즐겼던 그의 태도를 압축적으로 보여준다.

> "내 산파술의 요지는 젊은이의 마음에서 나오는 생각이 가짜 인형인지 진짜 아기인지를 철저하게 분간해 내는 데에 있네. … 나는 지혜도 없고, 창안한 것이라든지 영혼의 소산도 없네. 다만 나와 이야기를 하는 사람들은 이득을 본다네. 처음에는 바보 같지만, 차차 관계가 깊어가는 동안에 놀랄 만한 진보를 보인다네."

소크라테스는 평생에 걸쳐 청년들에게 진리를 일깨우고자 했다. 대화를 통해 상대방 스스로 진정한 영혼을 발견하고 깨닫게 하는 방식을 사용했다. 자신의 대화 방법을 '산파술産婆術'이라고 불렀다.

설교 방식의 일방적인 가르침이 아니다. 설교는 가르치는 교사와 가르침을 받는 학생으로, 엄격하게 위와 아래로 구분된다. 이에 따라 학생은 교사가 전달하고자 하는 내용을 주입받는다. 하지만 산파술은 대화를 통해 상대방 스스로 한계를 알게 한다. 토론 과정에서 청년

스스로 무지를 자각하고 나아가 진정한 영혼을 발견한다.

토론은 상호적인 방식이기에 어른이나 나이 많은 사람의 말이라고 해서 수용해야 하는 것이 아니다. 청년들도 얼마든지 반박 의견을 내놓거나 날카로운 질문을 던질 수 있다. 그러한 의미에서 나이에 의한 권위가 힘을 발휘하기 어려운 과정이다. 일방적인 설교를 반대하고 청년들과 토론을 즐겼다는 점을 보더라도 소크라테스가 나이를 내세우지 않았음을 알 수 있다. 상대를 동등한 관계로 존중했기에, 키케로가 그러했듯이 오랜 기간 많은 청년과 긴밀한 관계를 유지했다.

결국 나이를 구분해 수직적 관계를 강제하는 모든 사고방식은 아무리 그럴듯한 미사여구나 풍습으로 치장해도 억압적 태도의 반영이다. 찬물도 위아래가 있다는 말이 다수 사회 구성원에게 강력한 힘을 발휘하는 현실은 그만큼 한국 사회가 여전히 권위주의적 사고방식에 젖었음을 드러낸다.

한국은 형식적 차원이기는 하지만 민주주의 절차가 자리 잡은 지 삼십 년 가까이 지났다. 하지만 여전히 사회 각 분야에서 실질적 민주주의 성취 정도가 낮고 권위적 관계가 뿌리 깊다. 계층과 집단, 그리고 개인 사이의 의사소통에서 동맥경화 현상이 어제오늘 일이 아니다. 학교와 직장 등 사회 각 단위에서 상호 소통이 약하고 관료적인 상명하복이 기승을 부리는 것, 세대 간 단절의 골이 갈수록 깊어지는 것 등이 상당한 연관성을 갖는다.

우리 사회를 더 수평적, 상호적으로 변화시키려면 법과 제도의 혁신이 필수이다. 하지만 형식적 차원을 넘어 실질적 변화로 나아가려면 의식과 관계 등 더 내밀한 영역에서 전환이 일어나야 한다. 그 가운데 빠질 수 없는 부분이 바로 나이를 매개로 한 권위주의와 차별의 극복이다. 상식과는 반대로 '찬물조차도 위아래가 없어야 한다'는 새로운 발상과 관계가 이를 위한 주요 통로다.

/

진정성이
있어야 한다

에곤 실레, 〈검은 질그릇이 있는 자화상〉, 1911년

◇

저 사람은 진정성이 없어

오스트리아 표현주의 화가 에곤 실레^{Egon Schiele}(1890~1918)의 〈검은 질
그릇이 있는 자화상〉은 장난스러움이 다분하다. 어릴 때 친구들과 손
가락을 두 개씩 모아 누가 더 잘 펼치는지 겨뤘던 기억이 있다. 평소
에 사용하는 동작이 아니기 때문에 잘 안 되는 경우가 많다. 얼마나
잘하는지를 자랑하고 쩔쩔매는 상대를 놀리기도 한다. 실레는 마치
그때처럼 우리를 보며 '너도 이렇게 할 수 있어?'라며 우쭐거리면서
뽐내는 듯하다.

　손가락 모양만이 아니다. 자세와 표정도 익살스럽다. 고개를 살짝
틀고 한쪽 어깨와 얼굴을 바짝 내민다. 이마에 주름이 잔뜩 생길 정도
로 눈을 크게 치켜뜨고 약을 올리는 눈으로 바라본다. 입을 살짝 벌리
고 있어서 '그것 봐! 잘 안 되지?'라며 놀리는 말이 들리는 느낌이다.
얄미울 정도로 가벼운 장난기가 가득하다.

　혹시 평소 미술에 관심이 있어서 실레를 둘러싼 일화를 아는 사람
이면 더 가볍게 다가올지도 모른다. 실레는 외설적인 누드 작품 제작
과 미성년 유혹 혐의 때문에 재판을 받은 일로 특히 유명하다. '풍기

문란' 혐의로 작품을 압수당하고 재판을 받았다. 동네 어린아이들이 드나드는 작업실에 외설적인 그림들을 둬서 타락하도록 만들었다는 죄목이다. 유죄 판결과 구류 처분을 받아 24일간 교도소에 갇혔었다.

재판 일화와 외설 화가라는 이미지가 잔상처럼 있는 상태에서 이 자화상을 접하면 그다지 곱게 보이지 않는다. 장난스러움을 넘어 진지하지 못하고 진실함과는 거리가 멀어 보인다. 매사에 충동적으로 행동하고 문제가 되면 변명을 주절주절 늘어낼 것 같은 기분이 든다. 이런 기분이 생기면 흔히 쓰는 말이 있다. "저 사람은 진정성이 없어 보여!"

사실 '진정성'이라는 말의 사용은 비교적 최근 일이다. 완결적인 단어로 '진심'이나 '진실'을 사용하고, 수식하는 표현으로 '진정한' 사람이나 '진정으로' 어떠하다는 식으로 사용했다. 어느 순간 주변 또는 사회 내에서 진정성이 사람을 판단하는 중요한 기준으로 등장했다. 신뢰받고 성공하려면 "진정성이 있어야 한다"라는 말을 유행처럼 사용한다.

티브이를 비롯한 대중매체에서도 흔하게 접한다. 특히 초대 손님의 대담이나 각종 연예 프로그램에서 자주 쓰인다. 가수나 배우 데뷔를 위해 열과 성을 다한 경험, 데뷔 이후 어려움을 겪다가 각고의 노력으로 대중의 인정을 받은 경험, 우여곡절을 거치며 사랑에 성공한 경험 등을 들었을 때 진정성이 느껴진다고 한다.

기업전략과 자기계발을 강조하는 책에서도 자주 언급된다. 특히 신뢰를 받는 리더의 핵심 덕목으로 강조한다. 조직 관리 능력만으로는 부족하고 진정성을 갖춰야 훌륭한 리더가 된다고 권한다. 그러할 때 부하와 동료 직원이 자발적으로 따르기 때문이라고 한다. 기업도 직원들의 소속감 강화를 위해 진정성에 주목해야 하는 것이다.

신조어에 가깝다는 게 이상할 이유는 없다. 원래 말은 늘 새롭게 만들어지기 때문이다. 말 자체로 뜻풀이를 하면 참되고 올바른 성질 정도가 된다. 하지만 막상 진정성의 구체적인 의미를 물으면 설명할 내용이 금방 떠오르지는 않는다. 그래도 진정성과 관련해 생각나는 대표 특징 몇 가지는 비교적 분명하다.

주로 어떤 사람에게 진정성이 없다고 지적하는가? 상황에 따라 말이나 마음이 바뀌는 사람, 생각 없이 이러저러한 말을 주절대는 사람, 마음을 다하지 않고 건성으로 상대를 대하며 일하는 사람, 마음속 생각과 겉으로 드러나는 말과 행동이 다른 사람, 충동적인 욕망에 이끌려 사는 사람 등이 떠오른다. 사회적 인물도 해당한다. 발언과 소속 정당을 자주 바꾸는 정치인을 진정성이 없어 보인다고 한다.

진정성이 있다고 할 때도 크게 다르지 않다. 자신과 타인에게 진실하고, 삶에 열정을 갖고 임하는 사람을 가리킨다. 속과 겉이 같아서, 혹은 상황이 달라져도 일관성이 있어서 믿음이 가는 사람, 일이든 사람이든 대충이 아니라 정성을 다하는 사람, 치열하게 인생을 살아왔으며 직업 정신이 투철한 사람 등을 지칭한다.

진정성이라는 기준이 갑자기 유행처럼 쓰이는 이유가 무엇일까?

우연히 나타난 현상일 리는 없고 무언가 공통적으로 작용하는 이유가 있기 때문일 것이다. 대부분 언어 변화와 신조어 탄생이 그러하듯이 사회 변화를 반영하는 부분이 있다.

상식적으로 생각할 때 진정성으로 지칭되는 상태를 우리가 흔히 접한다면 굳이 강조할 필요가 없다. 주변에서 쉽게 볼 수 없을 정도기 때문에 더 자주 언급한다. 지난 수십 년 사이에 한국 사회는 '무한 경쟁'이라는 표현이 딱 들어맞는 비정한 사회로 변했다. 과거에도 경쟁은 있었지만 최근 경험하는 수준과는 비교하기 어렵다.

과거에는 평생직장이라는 안정감이 어느 정도는 있었다. 고도 경제성장 과정에서 취업의 문도 더 넓었다. 하지만 이제 공무원을 제외하고는 평생직장은 흘러간 옛 노래에 불과하다. 장기간의 세계경제 침체로 생존 압박이 극심해졌다. 게다가 정보 통신 기술을 매개로 전산화, 자동화가 급격히 보급되면서 사람 일손이 필요한 분야가 대폭 줄어들고 있다. 제한된 '좋은 일자리'를 놓고 칼날 위에 선 듯한 경쟁이 계속 이어진다.

무한 경쟁은 사회 구성원 서로를 경쟁자로 만든다. 상대방을 밟고 올라서지 않으면 도태되는 상황에서 속마음을 보이기 어렵다. 진심으로 사람을 대하기보다는 이해관계에 따라 처신해야 한다. 안정된 일자리가 아니기 때문에 수시로 또 다른 대안을 고민해야 한다. 그 어느 때보다 개인과 개인, 개인과 집단 사이에 참되고 올바른 성질을 확인하기 어려운 조건, 서로 신뢰하기 어려운 조건이 만들어진다. 이에 따라 시장에서 희소한 재화를 갈망하는 사람이 많듯이, 반대급부로 진정성을 강조하는 사회 분위기가 형성되었다.

◇
진정성의 정체는 있는가?

바뀐 사회 분위기를 반영하면서 많은 사람이 진정성을 기준으로 타인을 판단하는 일을 당연하고 바람직한 것으로 여긴다. 모든 인간이 지녀야 할 훌륭한 덕목이자 상대를 판단할 때의 흠 잡을 데 없는 잣대처럼 보인다. 하지만 조금만 다른 시선으로 다가서면 진정성이라는 기준에 여러 문제를 발견한다.

먼저 진정성이 확인 가능한 대상인가 하는 점이 문제다. 진정성은 의도나 동기처럼 내면 영역과 밀접하게 연관된다. 보통 말이나 행동이 마음과 일치된다고 여길 때 진정성이 있다고 한다. 반대로 겉으로는 그럴듯하게 말하고 행동하지만 그것이 속마음과 다를 때 진정성이 없다고 한다. 위선에 불과하기 때문이다.

그런데 의도나 동기를 상대에 대한 판단 기준으로 삼는 순간 문제가 생긴다. 타인의 내적 의도와 동기를 알 수 있을까? 굳이 '열 길 물속은 알아도 한 길 사람 속은 모른다'는 속담을 들먹이지 않더라도 다른 사람의 내면은 알 수 있는 영역이 아니다. 인간에게는 얼마든지 자신의 본심을 숨기는 '재능'이 있기 때문이다.

마음을 숨기는 이유는 여러 가지다. 상대에게 잘 보이기 위해, 부끄럽거나 약한 모습을 가리기 위해, 불리한 처지를 회피하기 위해, 어색한 상황을 만들지 않기 위해 숨긴다. 그 밖에도 셀 수 없이 많은 이유로 마음과 다른 말과 행동으로 위장한다. 얼마나 티를 내지 않느냐의 차이만 있을 뿐, 인간은 위장 능력이 있다. 자신이 타인을 대할 때 어떤지 생각해 보면 어렵지 않게 알 수 있다.

속을 알 수 없는데 어떻게 참되고 올바른 마음을 가졌는지 알겠는가. 반대로 비뚤고 그릇된 마음을 품었는지도 판단하기 어렵다. 진정성 여부를 판단하는 순간, 실제를 모르거나 불확실한 채로 단정 내리는 꼴이 된다. 일방적인 규정으로 그릇된 판단을 하기 십상이다. 상대를 실제와 다른 사람으로 왜곡하고 주변에 부당한 평판을 퍼뜨릴 수 있다.

앞에서 만난 실레의 경우만 놓고 봐도 그러하다. '외설' 혐의로 감옥에 갇힌 동안 쓴 일기에서 자신의 심정을 다음과 같이 토로한다. "에로틱한 작품도 예술적인 가치를 지니는 이상 외설은 아니다. 외설적인 감상자들에 의해 비로소 외설이 된다. … 성을 부정하는 자야말로 추잡한 인간이며, 자신을 낳아준 부모를 가장 비열하게 더럽히는 자다."

실레의 생각은 비교적 분명하고 이해하기 쉽다. 성에 대한 관심은 부끄러운 게 아니다. 우리는 모두 부모의 성행위로 태어났다. 성은 인간 세상의 기원이다. 어린아이들이 드나드는 작업실에 성적인 이미지가 담긴 그림이 놓인 것도 이상하게 볼 필요가 없다. 대부분 사람이 겪었듯이 어린아이의 성적 호기심은 본능적 현상이다. 성을 부끄럽게 여기는 태도는 자신의 부모를 부끄러워하는 짓이나 마찬가지다. 나아가 성이 인간의 대표적인 본능의 하나라는 점에서 성에 대한 부정적 태도는 스스로 인간임을 부정하는 위선이다.

그러므로 예술이 성을 주요 주제로 삼는 것은 외설은커녕 너무나 자연스러운 현상이다. 오히려 예술가이기 때문에 더욱 적극적으로 묘사해야 한다. 실레는 스케치 수첩에서 "새로운 예술가는 무조건 그 자신이어야 한다. … 전적으로 자기 내부에 자신이 발판으로 하는 토대를 마련해야 한다"라고 한다. 예술가의 창조적 영감은 자기 내부에서 근거를 찾아야 한다. 그렇다면 인간 내부의 본능적 욕구인 성에 솔직해지고 이를 적극적으로 묘사하려는 시도는 예술가로서 충실한 태도다.

주제에 집중하기 위해 실레 생각의 옳고 그름 여부는 논외로 하자. 일기 내용과 주장을 통해 왜 그런 그림을 그렸는지는 이해할 수 있다. 장난스럽거나 충동적인 행동이 아니다. 아이들을 타락시킬 의도를 가진 행동도 아니다. 예술을 모욕하려는 동기도 없었다. 적어도 내면의 가치관, 예술관에 충실하다는 점에서 겉과 속이 다른 사람은 아니라고 여길 수 있다. 진지함을 갖고 예술 작업에 임한 사람이라는 인식도 가능하다. 그러한 의미에서 진정성이 없다는 판단은 실레에 대한 일방적이고 왜곡된 생각일 수 있다.

인간에 대한 편견의 말

그런데 사실은 더욱 난감한 문제가 있다. 실레가 일기에 남겨 놓은 글조차 정말 내면을 정확하게 반영하는지 확신할 수 없다는 점이다. 어린 시절에, 혹은 성인이 되어서도 일기를 쓰고 있다면 자신의 경험을 돌이켜 보라. 우리는 일기에서도 감정을 있는 그대로 담기보다는 자기 행위에 맞도록 정당화하기도 한다. 가장 내밀하게 여겨지는 일기조차 내면을 그대로 보여준다고 보기 어렵다.

행위와 마음 사이의 간극뿐만 아니라 행위와 행위 사이의 간극도 진정성을 판단하는 데 어렵게 한다. 마찬가지로 잘 알려진 미술가의 사례를 통해 살펴보자. 프랑스 화가 툴루즈 로트렉^{Toulouse Lautrec}(1864~1901)도 실레만큼이나 논란과 편견의 대상이 되었다. 활동 기간 내내 '퇴폐화가'라는 조롱과 비난의 손가락질을 받았다.

미술 역사를 통틀어 그만큼 매춘 여성을 많이 그린 화가는 없을 것이다. 그 여성들을 대상으로 오십여 점의 유화와 수백 점의 소묘를 남겼다. 상상의 산물이거나 길에서 마주친 광경이 아니다. 1880년대 중반부터 파리 몽마르트르에 화실을 차리고 십삼 년 동안 환락가의 풍경에 탐닉했다. 오랜 기간 사창가에 살다시피 하면서 수많은 매춘 여성과 친밀한 관계를 맺었고, 그들의 일상을 누구보다 잘 알고 있었다.

몽마르트르의 무도장이나 살롱 단골손님이어서 친분이 두터웠던 사진가 모리스 기베르가^{Maurice Guibert} 찍은 〈모델과 함께 작품을 보는 로트렉〉은 로트렉의 관심을 잘 보여준다. 왼편 나체 여인은 모델이다. 얼굴 측면의 윤곽과 몸매로 볼 때 함께 보고 있는 작품 속 중간에 있

모리스 기베르, <모델과 함께 작품을 보는 로트렉>, 1895년

는 인물의 모델로 보인다. 아래 기대어놓은 작품들도 윤락가나 무도
장의 모습을 담았다.

벽에 걸어놓고 보는 작품은 그의 대표작 가운데 하나인 <물랭 가
의 살롱>이다. 몽마르트르 거리의 꽤 규모 있는 매춘 업소의 광경이
다. 이 그림이 1894년에 제작된 점을 고려할 때 완성된 직후에 주인
공 역할을 한 모델과 함께 보는 중인 듯하다. 무료한 듯 다리를 말아
쥐고 문 쪽을 응시하는 여자가 전면에 보인다. 그 뒤로 가슴과 어깨가

인간에 대한 편견의 말

다 드러나는 옷을 입은 매춘 여성들이 소파에 기대거나 서서 손님을 기다린다. 오른쪽에는 마담이 앉아 있다. 마담은 손님과 함께할 여성의 순서를 결정하고 몸치장을 감독하는 책임을 맡은 인물이다.

그는 하루가 멀다 하고 사창가를 드나들며 매춘 여성과 어울렸다. 또한 고흐의 화대를 대신 치러주기도 했다. 몽마르트르의 향락에 몸을 맡긴 사람들의 모습을 쉬지 않고 캔버스에 담았다. 특히 사창가 모습에 매료되었다. 몸을 단장하며 영업을 준비하는 장면, 영업 허가를 위해 성병 검사를 하는 장면, 손님을 맞이해 몸을 파는 장면 등을 노골적으로 그려 '퇴폐화가'라는 별명을 얻었다. 1890년대 초반에는 매춘부들의 일상과 영업을 담아 《여인들Elles》이라는 제목의 판화집을 출간함으로써 그의 추문은 더 널리 퍼졌다.

주위 사람이 보기에 일상생활도 방만했다. 허구한 날 독한 술을 입에 단 채 살았다. 방문객에게는 늘 여러 종류의 술을 섞은 칵테일을 만들어 몇 잔씩 돌렸다. 식사 중에도 서너 잔의 술을 마셨다. 낮과 밤이 뒤바뀐 불규칙한 생활이 이어졌다. 결국 삼십 대 이후 알코올중독으로 정신착란을 일으켜 몇 달 동안 병원 신세를 졌다. 친구들과 어울려 기괴한 복장의 가장무도회를 즐기기도 했다. 이래저래 진정성과는 거리가 먼 행위다.

하지만 이와 전혀 다르게 볼 수 있는 행위도 적지 않다. 로트렉은 남부 프랑스의 부유한 귀족 집 안의 아들로 태어났다. 청소년 시절에 다리를 다치고 나서 성장이 멈춰버려 키 152센티미터로 세상을 살아

우리를 속이는 말들

야 했다. 아버지는 귀족 신분임에도 미술가로 돈을 벌고 살아가는 아들을 용납하지 않았고, 아들의 그림을 '조잡한 스케치'에 불과하다며 능력을 인정하지도 않았다.

워낙 재력이 충분한 집 안이어서 평생을 편하게 살 수 있는 조건이었다. 누구도 함부로 대하지 못하는 신분이기에 면전에서 키가 작다는 놀림을 받는 일도 없었다. 대부분 귀족 자제가 그러하듯이 아버지의 지원을 받으며 대단한 '금수저' 배경을 누리고 살면 될 일이었다. 하지만 몽마르트르의 허름한 작업실과 거친 환경으로 자신을 밀어 넣었다. 파리 예술계에서 미술가로 제대로 인정받지 못했고, 대접해 주지도 않는 온갖 부류의 사람들과 부대끼며 살았다. 그만큼 진지하고 절실한 예술혼을 지녔다고 볼 수 있다.

매춘 여성들과의 관계도 충동이라고만 보기 어려운 면이 있다. 단지 순간의 재미 혹은 그림을 위한 대상이 아니었다. 사창가에서 마음의 위안을 얻었고, 매춘 여성들 또한 로트렉을 의지하곤 했다. 글을 잘 모르는 여성들을 위해 편지를 대필해 주거나 신세타령을 들어주기도 하고, 생일이면 선물로 꽃다발이나 과자 등을 보냈다. 매춘 여성들도 화실을 자주 찾아왔다. 그림에서도 타락한 여인의 표상이 아니라, 인간적인 모습과 삶의 애환을 담았다. 이 여성들이 느끼기에 그 누구보다 진실하게 자신을 대하는 친구였을 듯하다.

아버지와 집안사람, 귀족 신분의 사람, 주변 사람, 심지어 파리의 대다수 미술가에게 진정성이라고는 눈곱만큼도 발견하기 어려운 사람으로 보였으리라. 하지만 매춘 여성들이 보기에는 평소에 고상한 척하고 근엄한 표정을 짓지만, 밤이 되면 남몰래 욕정을 분출하는 신사들이야말로 위선이 가득한 사람으로 보였을 것이다. 오히려 로트렉이 이 세상에서 마음을 열어놓고 교감할 수 있는, 매우 드물게 진정성을 지닌 사람으로 느껴졌으리라.

그렇기에 작품과 평소에 보이는 행동거지를 놓고 실레의 진정성 여부를 판단하는 시도는 물론이고, 나아가 말과 글로 판단하는 시도까지도 애초에 성공할 수 없는 방법이다. 또한 로트렉처럼 동일한 인물의 서로 다른 행동 간극까지 고려하면 더욱 설득력이 없다. 우리 모두에게 동일하게 적용되는 난점이다.

진정성을 기준으로 판단하는 순간 개인에 대한 이해는 오리무중에 빠진다. 진정성은 정체 자체가 불분명한 기준인 것이다. 이러한 기준은 개인에 대한 왜곡된 인식을 낳는다.

◇

인간은 임시변통 재주꾼이다
- 질 들뢰즈 《안티 오이디푸스》

더 근본적으로는 과연 인간이 진정성에서 특징을 찾을 수 있는 존재이기는 한지에 의문을 품어야 한다. 대표적 현대 철학자로 몇 손가락에 꼽히는 질 들뢰즈Gilles Deleuze가 펠릭스 가타리Felix Guattari와 공동 저술한

《안티 오이디푸스》에서 주장한 다음 내용은 인간에 대해 새롭게 고민할 거리를 제공한다.

> "욕망기계들은 때론 멈춤 없이, 때론 단속적으로, 숨 쉬고, 열 내고, 먹는다. 똥 싸고 씹한다. 도처에서 그것은 기계들인데, 이 말은 결코 은유가 아니다. 나름의 짝짓기들, 나름의 연결들을 지닌, 기계들의 기계들. … 이렇게 모두는 임시변통 재주꾼이다. … 다양체라는 범주만이 욕망적 생산을 설명할 수 있다. 욕망적 생산은 순수 다양체, 말하자면 통일체로 환원될 수 없는 긍정이다. 우리는 부분대상들, 벽돌들, 잔여물들의 시대에 살고 있다."

들뢰즈에 의하면 인간은 '욕망기계'다. 인간이 본래 어떠한 존재인지를 규명하고자 할 때 유일하게 지칭할 수 있는 특징은 욕망뿐이다. 은유적 표현이 아니라 실제로 그러하다. 인간은 욕망 자체다. 그것도 욕망기계다. 의도적으로 '기계'라는 표현을 사용한다. 기계는 상식적으로 알고 있듯이 어떠한 의식 작용도 없다. 특정한 목적과 의미를 갖지 못하고, 인위적으로 어떠한 행위를 하지 못한다.

기계는 오직 사용만이 남는다. 인간도 기본적으로는 마찬가지다. 숨을 쉬거나 먹을 때, 혹은 생리적 작용을 할 때 의식적으로 의미를 부여하지 않고 몸의 욕구에 기계적으로 반응한다. 의식 작용도 여기에서 벗어나지 않는다. 우리는 판단의 출발점이 정신에 있다고 여긴다. 정신에 의해 사고가 출발한다는 점에서 주체나 자유의지를 지닌 존재로 생각한다.

하지만 인간이 정말 자립적, 이성적 주체인지 곰곰이 따져봐야 한다. 인간이 동물과 마찬가지로 진화의 산물이고, 정신이 뇌의 기능과 작용에 직접 연관된다는 점을 고려할 때 감각이 의식 작용에 앞선다는 것을 부인하기 어렵다. 고도의 정신 활동인 학문과 정책도 출발점과 뿌리에는 본능적 욕구가 깔려 있다. 육체나 감각과 분리된 순수한 정신 활동은 허상이다. 몇 가지 예를 통해 왜 정신 활동이 본능적 욕구에 연관되는지 살펴보자.

고대부터 현대에 이르기까지 수많은 학문이 '정의'의 의미를 규명하고자 했다. 정의의 핵심은 각자 공헌에 따라 이익을 분배하는 비례 배분의 원리, 개인들 사이의 타협에 관련한 원리다. 현대사회의 주요 정책인 복지도 분배와 연관된다.

그런데 배분 원리의 뿌리에는 본능적 욕구의 하나인 '식욕'이 자리 잡고 있다. 정의와 복지의 핵심 영역인 '분배'는 먹고사는 문제에 대한 고민이다. 기본적 동기와 근거가 육체적 욕구와 감정이고, 이성은 이를 풀어나가는 과정에서 방법론 차원으로 사용하는 도구라고 봐야 한다.

인류 역사에서 과학과 기술의 발전도 대체로 생산력 고양에 도움 되어왔다. 농업 생산에서 공업 생산으로 큰 변화가 있었지만 같은 시간에 더 많은 생산이 가능하도록 고안하는 데 초점이 맞춰졌다. 또한 고된 노동을 완화하고 생산시간을 단축함으로써 노동 이외의 시간을 확대한다는 점에서 식욕과 함께 수면욕의 충족과 긴밀하게 연결된다.

또한 학문은 각기 다른 전문 분야를 갖지만, 공통적으로 인간의 행복 증진을 주요 목적으로 삼는다. 그런데 행복은 부족함 없이 영양을 공급받도록 하는 식욕, 몸과 마음을 충분히 쉬게 하는 수면욕, 번식과 감각적 쾌락을 가능케 하는 성욕 등을 떼어놓고 설명하기 어렵다. 문화적으로 느끼는 행복감의 상당 부분도 다양한 욕구가 복합적으로 작용한다.

들뢰즈는 우리는 모두 욕망기계이기 때문에 '임시변통 재주꾼'이라고 한다. 욕망에 기초한 감정은 일관성이라든가 보편성과는 상당한 거리가 있다. 감정은 충동적이고 가변적이다. 평소에 좋아했던 음식도 단 두세 차례만 연속으로 먹으면 질린다. 우리가 늘 경험하듯이 감정은 하루에도 여러 번 바뀐다. 아침에 더없이 즐거운 마음이었다가도 하루를 지내면서 지루함이나 우울 같은 감정이 찾아오기도 하고, 순간적으로 극도의 분노를 느끼기도 한다.

또한 동일한 상대에게도 조건이나 자신의 상태에 따라 다른 감정이 생긴다. 인간관계가 결합되면 더욱 수시로 바뀐다. 부부 사이, 혹은 부모와 자녀 사이에 얼마나 많은 감정 변화가 있는지 생각해 보면 어렵지 않게 이해된다. 감정은 그때그때 기분 상태에 따라, 상황과 조건의 변화에 따라 수시로 변한다. 감정 변화를 자신과 타인에게 합리화시키며 살아가기에 우리는 모두 '임시변통 재주꾼'이다.

그러한 의미에서 인간은 '다양체'다. 일차적으로는 사람마다 서로 다르다는 점에서 다양체다. 더 나아가서는 동일한 사람이라도 일관된 욕구와 감정 상태에 있지 않다는 점에서 통일체로 환원할 수 없는 다양체다. 어쩌면 우리는 연속성과 동일성 안에서 개인을 바라보는 습관을 버려야 할지도 모른다.

사람들은 몇 년 전의 나와 현재의 나, 좀 더 좁히면 어제의 나와 오늘의 나를 동일 선상에서 바라본다. 하지만 엄밀한 의미에서 어제의 나와 오늘의 나는 다르다. '나'라고 할 수 있는 규정이 상당 부분 욕구와 감정에 의존할 때, 기분과 조건에 따라 다른 양상을 보일 때 같다고 할 수 있을까? 같은 사람이라고 보기 어려울 정도로 큰 차이를 보이기도 한다.

진정성이라는 규정은 사실 허구에 가깝다. 이 기준에 집착할 때 무지개를 좇듯이 허구적 개념으로 상대를 규정하고, 타인에게 규정받으며 살게 된다. 진정성에 집착할수록 오히려 진실에서 멀어진다. 동기나 의도와는 무관하게 외적으로 말과 행동을 드러내는 인간, 있는 그대로의 인간, 가변적이고 불안정한 욕구와 감정 안에서 살아가는 인간을 인정하고 그 위에서 자신과 타인의 의미 있는 삶을 모색해야 한다.

또한 사회 요인에 의해 사람들이 과거에 비해 상대적으로 더욱 자기 생각을 가리고 서로 속여서 문제라면, 진정성에서 대안을 찾으려는 노력은 더욱 허무에 빠진다. 모든 사회 구성원에게 무한 경쟁을 강제하는 사회구조적 원인으로 생긴 문제라면 그 해결도 사회적 측면에 초점을 맞춰야 한다. 무차별적으로 사람들에게 진정성을 요구하는 방식은 원인을 개인으로 돌리기 때문에 오히려 문제 해결에서 멀어진다.

/

인간은 다
이기적이다

토마 쿠튀르, 〈황금 사랑〉, 1844년

인간은 이기적 존재라는 상식

프랑스 화가 토마 쿠튀르^{Thomas Couture}(1815~1879)의 〈황금 사랑〉은 황금을 둘러싼 인간 욕구를 묘사한다. 장신구를 파는 상인 주변으로 사람들이 모여 있다. 상인이 붉은 천을 깔아놓은 탁자 위에 황금과 보석 등 각종 귀금속을 늘어놓았다. 황금을 바라보며 모두 눈을 떼지 못한다. 뒷줄에 있는 남자는 고개를 쭉 빼고 눈을 탁자 위로 고정하고 있다. 그 옆의 남자는 함께 온 여인에게 요모조모 설명하는 눈치다.

앞 여인은 한쪽 가슴을 드러내고 치마를 두 손으로 잡고 펼쳐 올린 모습이다. 눈앞에 있는 황금과 보석을 모두 쓸어 담고 싶은 마음을 보여주는 게 아닐까 싶다. 옆의 여인은 아예 옷을 풀어 헤쳐 상반신을 거의 다 드러낸다. 몸을 포함해 자기의 모든 것을 다 줘서라도 황금을 소유하고 싶은 욕구를 드러내는 듯하다. 황금에 대한 사랑과 집착을 넘어 신을 대할 때처럼 신성한 숭배에 가까운 분위기다.

상인의 표정이 흥미롭다. 날카로운 눈빛으로 귀금속에 황홀해하는 사람들을 바라본다. 입가에는 알 듯 모를 듯한 미소가 번진다. 마치 인간 본성을 꿰뚫어 보는 표정이다. 남녀노소를 불문하고 황금에 대한 맹목적 욕구, 수단과 방법을 가리지 않고 자신이 원하는 것을 가지려는 욕심을 훤히 안다는 느낌이다. 그리고 이를 이용해 한몫 단단히 잡을 요량으로 보인다.

황금은 실제의 황금 자체를 의미하지만, 좀 더 폭넓게는 돈을 포함한 물질적 부를 의미하기도 한다. 문명사회가 만들어진 후 현대에 이르기까지 돈이 곧 황금이기도 하다. 돈이 있으면 황금은 얼마든지 구할 수 있으니 말이다. 더 많은 돈이 더 많은 행복을 보장한다고 여긴다. 특히 현대사회를 일컫는 말 중 하나가 '황금만능주의'다. 황금만능주의는 돈을 삶의 가장 중요한 가치로 여겨 돈이면 무엇이든 할 수 있다는 생각을 일컫는다. 사유재산 개념이 생겨난 이래 돈을 많이 가진 사람은 인류에게 가장 큰 선망과 질투의 대상으로 자리 잡았다.

황금에 대한 사랑은 황금을 소유하고 싶은 욕구로 끝나지 않는다. 더 많은 황금, 더 많은 돈을 소유하려고 사람들은 배타적 태도를 고집한다. 이로부터 인간에 대해 가장 널리 알려진 규정이 생겨난다. "인간은 다 이기적이다." 인간이란 어떤 존재인가와 관련해 흔히 접하는 말이다. 오랜 기간 이를 인간 본성 차원으로 설명해 왔다.

인간 본성의 이기성을 강조하는 견해에 따르면, 자원의 희소성 때문에 이기적인 태도를 가질 수밖에 없다. 소유하려는 대상은 희귀하거나 한정되었는데, 모든 사람이 이를 갖고자 하기에 갈등이 생길 수밖에 없다. 방법은 오직 하나다. 내가 가지려면은 타인과 치열한 경쟁으로 차지하는 수밖에 없다는 생각이다. 경쟁 과정에서 누구도 쉽게 욕구를 포기할 리 없기 때문에, 대부분 다른 사람에게 피해를 입히는 한이 있어도 자신의 이익을 추구하는 경향이 생긴다.

그러므로 원하든 원하지 않든 불가피하게 인간은 이기적이라는 것이다. 현실에서 나타나는 대다수 인간의 모습도 이를 뒷받침하는 근거로 작용한다. 이기적인 모습을 보이는 사람이 주변에 흔하기는 하다. 자기 이익을 타인 이익보다 많이 앞세운다. 불과 이삼십 년 전까지만 해도 당연한 듯이 주변 사람과 나누던 일을 이제는 기피한다.

예를 들어 학생들 사이에 자기 성적 향상을 위해 친구에게 노트를 빌려주지 않고, 직장에서는 더 빠른 승진을 위해 업무와 관련된 노하우 공유를 꺼린다. 사업을 하는 경우라면 수단과 방법을 가리지 않고 더욱 배타적으로 자기 이익에 몰두한다. 이익을 위해서라면 타인에게 피해를 주는 일도 마다하지 않는다. 위선과 기만을 통해 상대방을 궁지에 빠트리기도 한다. 상대방을 속여서라도 이익을 추구한다.

또한 자기 이익을 다른 가치보다 우선되는 것으로 여긴다. 무엇보다도 공동체나 사회의 이익과 충돌할 때 개인 이익이 무조건 일차적이라는 생각이 지배한다. 단순히 개인을 중시하는 정도라면 개인주의 차원이니 상관없다. 문제는 공적 이익을 해쳐서라도 사적 이익을 높이려는 사람이 많아지고 있다는 점이다. 워낙 자기 이익을 당연시하다 보니 의도하지 않는 경우에도 불특정한 사람에게 해를 입힌다.

예를 들어 더 많은 곡식이나 과일을 생산하고 팔기 위해 독한 농약을 무차별적으로 살포한다. 시중의 적지 않은 달걀에서 살충제 성분이 검출된 사건도 아직 우리 뇌리에 생생하다. 큰돈을 벌기 위해 장사와 사업을 하는 경우는 더 심하다. 식당에서 상태가 좋지 않거나 유통기한이 지난 재료로 음식을 만들기도 한다. 더 규모가 있는 사업체에서는 심각성이 비교가 안 될 정도로 크다. 소비자의 건강을 위협하는 화학물질이 들어간 제품을 만들어 문제가 된 경우가 많다. 지난 몇 년 사이에 세상을 떠들썩하게 했던 사건만 해도 줄을 잇는다. 살충제 성분이 들어 있는 가습기 세척제, 심각한 유해 성분이 들어간 생리대, 발암물질 매트가 깔린 침대 사건 등을 기억할 것이다.

친분이 있는 관계든 사회에 알려진 사건이든 주변에서 흔하게 접하는 사례를 보면서 어느새 '인간은 다 이기적이다'는 말을 상식처럼 여기게 되었다. 이 상식을 통해 우리는 아주 냉소적인 시각으로 세상과 인간을 바라보는 데 익숙하다.

◇

유전적으로 결정된 이기성?
- 리처드 도킨스 《이기적 유전자》

그런데 최근 십여 년 사이에 인간이 이기적이라는 사람들의 생각에 결정적으로 확신을 심어준 주장이 등장했다. 바로 유전적 근거다. 영국 진화생물학자 리처드 도킨스Richard Dawkins가 《이기적 유전자》에서 펼친 주장이다.

"사람과 기타 모든 동물은 유전자에 의해 창조된 기계에 불과하다. … 성공한 유전자에게 기대되는 특질 중에 가장 중요한 것은 '무정한 이기주의'다. 유전자의 이기성은 이기적인 개체 행동의 원인이 된다. … 유전자는 자기 복제자이고 우리는 그들의 생존 기계다. 수단으로 쓰인 후 버려진다."

도킨스에 의하면 인간은 유전자의 생존 기계다. 노골적으로 말하자면, 유전자 보존을 위해 프로그램된 로봇기계다. 물론 인간만이 아니다. 동물, 식물, 박테리아 그리고 바이러스까지 포함해 모든 생명체는 유전자의 생존 기계다. '생존 기계'라는 말은 인간이 스스로 특정한 목적을 가지고 존재하는 것이 아니라는 의미다. 독립적이고 안정된 존재가 아니다. 유전자 프로그램에 따라 정처 없이 떠돈다.

예를 들어 우리는 가족 사랑을 내 마음에서 솟아나는 독자적 감정이라고 생각한다. 라파엘로의 〈임신한 여인〉은 가족 사랑을 느끼게 하는 그림이다. 굳이 제목이 아니어도 한눈에 보기에 임신한 여인이다. 배가 많이 나와 있어서 출산이 얼마 남지 않은 상태인 듯하다. 배경이 생략되어 감상자가 인물에만 집중하도록 만든다. 감상자를 응시하는 온화한 표정이 두드러진다. 여인이 입고 있는 옷도 붉은색과 노란색의 따뜻한 색조 중심이어서 표정만큼이나 편안한 느낌이 들게 한다. 게다가 왼손을 배 위에 가볍게 얹고 있어서 아기에 대한 보호와 사랑의 감정을 물씬 풍긴다.

라파엘로 산치오, 〈임신한 여인〉, 1506년

이 그림을 보면 어떤 생각이 떠오르는가? 아기를 둘러싼 가족 사이의 푸근한 사랑이 느껴진다. 부부의 사랑으로 아기가 생기고, 배 안에서 만삭에 이를 만큼 자라는 동안에도 어머니와 아버지로서 아낌없이 사랑을 주었으리라. 아기에게 조금의 악영향도 주지 않도록 매사에 조심스럽게 행동하는 모습이 떠오른다. 출산 이후에도 태어난 아기에게 사랑을 담뿍 줄 것 같다.

하지만 도킨스가 보기에 가족 사랑은 자신의 마음에서 우러나오는 감정이 아니다. 실제로는 유전자에 의해 유도된 감정일 뿐이다. 기본적으로 번식, 즉 유전자 복제에 연관된다. 자기와 비슷한 유전자들을 되도록 많이 남기기 위해 가족 사랑이라는 프로그램을 만든 것이다. 번식은 유전자를 존속시키려고 프로그램된 행동이다. 유전자가 몸과 마음을 창조했으며 그것들의 보존이 우리 존재 이유다. 유전자에 의해 유도된 대로 먹고, 살고, 사랑하면서 그 유전자를 후대에 전달하는 임무를 수행하는 운반 도구에 불과하다.

왜 유전자를 '무정한 이기주의'라고 하는가? 오직 하나의 목적만을 가지기 때문이다. DNA의 진정한 목적은 생존하는 것이며 그 이상도 그 이하도 아니다. 자기 복제만을 위해 운반자, 즉 우리 개인과 같은 생물 개체를 만들고 이용한다. 그렇기 때문에 성공적으로 기능하는 유전자는 복제 이외의 아무 목적도 없다는 점에서 비정한 이기주의를 가진다. 인간은 이기적으로 태어났다. 만물의 영장이라는 인간이기에 스스로 운명을 정하고, 보편적 사랑을 나눈다고 믿지만 허상이다. 아무리 아니라고 믿고 싶어도 보편적 사랑과 종 전체의 번영은 있을 수 없는 일에 불과하다는 주장이다.

도킨스가 보기에 진화에서 자연선택의 단위는 개체나 집단이 아니다. 자연선택의 기초 단위는 유전자다. 진화를 바라보는 가장 좋은 방법은 가장 낮은 수준에서 일어나는 선택의 관점을 갖는 것이다. 단순한 것이 복잡한 것으로 변할 수 있는 방법, 즉 무질서한 원자가 스스로 더 복잡한 패턴을 이뤄 인간을 만들어낸 방법을 보는 것이다. 당연히 진화와 관련된 가장 작고 낮은 단계는 유전자이고 이와 관련해 자연선택이 이뤄진다.

유전자 선택의 이해를 위해서는 생명의 최초 탄생 과정을 추적해야 한다. 처음부터 지구에 완결적인 유기체가 있었다고 가정할 수는 없다. 적어도 창조론 주장이 아니라면 생명이 탄생한 사건에서 문제를 풀어가야 한다. 처음에는 무기물만 있던 지구에서 환경 변화에 따라 생물체의 단백질을 구성하는 단순 유기물이 생겨났다고 봐야 한다.

지구상에 어떤 최초 생명의 단초가 생겨났다고 해도 복제되지 않으면 일회적 사건으로 끝난다. 의미 있는 생명이라고 보기 어려운 상태다. 자기 복제 기능이 있을 때 비로소 '생명'이라고 이름을 붙이는 단계가 시작된다. 일회적이 아니라 유전자를 통한 자기 복제가 가능한 세포가 만들어지면서 본격화된다. 더 안정적인 복제를 위한 운반체, 즉 생존 기계로서의 개체가 생겨나면서 본격적인 진화의 길로 들어선다. 궁극적인 결정 요인은 자기 복제자, 유전자라고 봐야 한다.

우리를 속이는 말들

그렇기 때문에 자기 복제라는 이기적 목적을 가진 유전자에 의존하는 인간은 이기성을 본성으로 지닐 수밖에 없다.

지난 십여 년 사이에 도킨스의 주장이 한국 사회에서 광범위하게 영향을 미쳤다. 여기에 생명체의 모든 유전 정보를 가진 게놈을 해독해 유전자 지도를 작성하고 유전자 배열을 분석하는 '게놈 프로젝트'까지 획기적 진전을 보이면서 사실상 유일한 과학적 결론처럼 인식하는 경향이 있다. 이를 근거로 인간의 온갖 행위를 이기적 유전자의 작용으로 설명하는 현상이 크게 유행하고 있다.

◇

이타성이 진화를 이끈다
- 매트 리들리《이타적 유전자》

하지만 유전자의 이기성 때문에 인간은 이기적이다는 주장을 과학이 도달한 유일한 결론으로 보는 생각은 지독한 편견이다. 더 근본적으로는 이기성과 이타성을 상호 대립적인 쌍으로 분리하는 이분법적 태도가 왜곡된 사고방식을 만든다. 과학은 물론이고 생물학, 좀 더 좁혀서는 유전공학 내에서도 유전자와 인간 본성 사이 관계는 지극히 논쟁이 되는 문제다. 이와 관련해 영국 동물학자 매트 리들리[Matt Ridley]가《이타적 유전자》에서 밝힌 주장에 주목해야 한다.

"사회는 인간 본성의 일부로서 진화되어 왔다. 사회는 인체와 마찬가지로 인간 유전자의 진화적 산물이다. 그것을 이해하기 위해서는 우리의 뇌 속에 자리 잡고 있는, 사회적 유대 관계를 창출하고 활용하는 본능에 주목해야 한다. … 결과적으로 '이기적 유전자' 이론 덕분에 개체의 이타주의를 설명할 수 있게 되었다. … 개체들이 서로에게 헌신적일 수 있다면 그 같은 선행을 일으키는 '동기'를 꼭 따질 필요는 없다."

리들리에 의하면 사회는 이성에 의해 인위적으로 고안된 것이 아니다. 혈연 공동체로부터 자연스럽게 확대되고 발전된 결과물이다. 공동체와 사회는 필연적으로 구성원 사이의 협동을 전제로 한다. 수렵과 채취에 의존하던 원시사회는 물론, 농경사회에서도 사람들은 배타적 이익보다 협동을 우선시했다. 그리고 서로 도울수록 사회는 번영했다.

생존과 번식을 위해 본능적으로 유대 관계를 만들도록 유전자에 의해 인간은 진화되었다. 이때 매우 주의해야 하는 것이 이기성과 이타성의 관계다. 우리 통념으로는 둘은 상반되고 대립적인 성격을 지닌다. 그런데 이렇게 생각하는 순간 심지어 도킨스조차 왜곡한다.

도킨스는《이기적 유전자》에서 유전자의 '무정한 이기주의'를 언급하면서, "그러나 유전자가 한 개체 수준에서 한정된 이타주의를 육성함으로써 이기적 목표를 가장 잘 수행할 수 있는 특별한 경우들"이 있다고 한다. 유전자는 이기적인 동기를 실현하기 위해 현실에서 개체의 이타주의를 퍼뜨린다는 것이다. 이기성과 이타성의 경계가 대립적이지 않고 상호 보완적일 수 있다는 가능성을 연다.

리들리는 도킨스가 연 가능성을 수용하되, '한정된'과 '특별한'이라고 제한한 시각을 걷어내고 상호 보완적 측면을 더 일반적 차원으로 확장한다. '이기적 유전자' 이론에 의해 오히려 인간의 이타성을 설명할 수 있다. 유전자의 '이기적 목표'라는 동기는 결정적인 게 아니다. 유전자가 이기적이라는 사실이 개체의 이타성을 부정하는 것이 아니기 때문이다. 진화든 사회 발전이든 현실에서 서로 협동하고 유대를 확대하는 경향이 중요하게 작용한다면 여기에 주목해야 한다. 인간의 특성도 이러한 현실에서 발견해야 한다.

〈임신한 여인〉을 보면서 우리가 저절로 느꼈던, 인간이라면 자연스럽게 솟아나는 가족 사랑을 착각이라고 생각할 이유가 없다. 리들리가 보기에 자궁 속에서 자라고 있는 태아와 어머니의 몸 사이의 관계만큼 총체성을 갖는 관계는 드물다. 모체가 만삭까지 임신을 유지하기를 바라는 이유는, 태아가 자신의 유전자를 다음 세대에까지 전달해 주리라고 믿기 때문이다. 반면에 태아가 모체의 생존을 바라는 이유는 모체가 죽어버리면 자기도 죽기 때문이다. 둘은 이기적인 목적을 위해서라도 서로의 협력이 절대적으로 필요하다. 두 개체는 모체의 폐를 통해 산소를 얻고 심장에 의지해 맥박을 유지한다. 둘 관계는 완벽한 조화다. 임신은 훌륭한 협동 작업이다.

그는 협동과 유대가 진화의 동력임을 여러 근거를 들어 설명한다. 생명체의 생존과 진화는 이기적인 단식 경기가 아닌 팀 경기였다. 개체 사이의 관계만이 아니라 개체 자체도 그러하다. 오억 년 전에 등장한, 생쥐 크기의 삼엽충도 일억 개 세포로 이뤄져 있다. 세포 사이의 유기적 협동 없이는 삼엽충이라는 개별 생명체조차 생존할 수 없다.

나아가 각각의 세포도 사실은 유기적 협력 없이는 존속되기 어려운 집합체다. 모든 세포 속에 미토콘드리아라는 미세한 박테리아가 있는데, 세포 안에서 안전한 생활을 하는 대가로 에너지 생산이라는 협력 관계를 맺었다. 그러한 의미에서 세포는 박테리아와 공생 관계이다. 더 미세한 수준으로 들어가도 마찬가지다. 세포의 핵과 미토콘드리아 속의 유전자도 제각기 독립적으로 기능하는 게 아니다. 수많은 쌍으로 이뤄져 협력 관계를 통해 기능한다.

하물며 개체 사이의 협력은 더 말할 필요도 없다. 리들리는 코스타리카의 흡혈박쥐가 피를 나눠주는 사례를 통해 설명한다. 필요량 이상의 피를 빨아두었다가 잉여분을 토해내 다른 박쥐에게 준다. 일종의 맞대응 방식이다. 과거에 피를 제공한 박쥐는 그 상대에게 피를 보답받는다. 남은 피를 주지 않은 박쥐는 다음에 피를 얻지 못한다. 평소에 서로 털을 손질해 주는데, 피를 저장하는 위가 있는 부위에 특별히 주의를 기울인다. 박쥐의 거처와 습관의 특성상 속임수를 쓰기 어렵기 때문에 호혜성의 규칙이 지켜진다. 유대와 호혜성의 규칙은 군집 생활을 하는 대부분 동물에게 나타나는 공통적 현상이다.

협력을 통해 공동 이익을 증진하는 현상은 인간도 예외가 아니다. 노동 과정에서 분업과 협업은 전형적 예이다. 19세기 후반 독일 최고의 사실주의 화가로 인정받는 아돌프 멘첼^{Adolph Menzel}(1815~1905)의 〈쇠 압연 공장〉은 근대적인 대규모 공장의 광경을 보여준다. 18세기까지는 주로 소규모 수공업이 공업 생산을 담당했다면, 19세기로 접어들면서 유럽에서는 그림처럼 기계제대공업 시대가 열린다.

수많은 노동자가 철에서 불순물을 제거하고 강철로 만드는 작업에 열중하고 있다. 작업장 중앙을 가로지르며 용광로에서 녹은 시뻘건 쇳물이 흐른다. 노동자들의 얼굴과 몸도 벌겋게 물들어 있다. 쇳물이 뿜어내는 뜨거운 열기, 쇠로 만들어진 작업 도구끼리 부딪치는 소리가 감상자에게도 전해지는 느낌이다.

아돌프 멘첼, 〈쇠 압연 공장〉, 1875년

제강 공정만 해도 여러 종류의 작업으로 나눠진다. 전체 철강 공장은 선철을 만드는 제선 공정, 강철을 만드는 제강 공정, 나아가서는 강철을 사용 용도에 따라 가공과 변형을 하는 압연 공정 등이 있다. 상이한 여러 작업으로 분업이 이뤄지고, 각 공정 사이에 협업이 형성됨으로써 전체 공장이 유기적으로 움직인다.

개인이 유기적으로 협력함으로써 모두에게 큰 이익을 주는 대표적인 행위가 노동 분화다. 분화된 노동으로 이뤄낸 성과는 개인 각자가 독자적 작업을 통해 만든 성과의 총합보다 훨씬 크다. 과거에 수공업자들은 공정의 처음부터 끝까지를 혼자 감당해야 했다. 수공업자천 명이 각각 독립적으로 생산한 양보다 노동자 천 명이 분업과 협업으로 생산한 양이 비교할 수 없을 정도로 많다. 산업과 공정, 생산직과 사무직 등을 가리지 않고 사회 대부분 영역에서 분업과 협업이라는 유기적 관계로 인류는 거듭 발전해 왔다. 이는 흡혈박쥐가 보여주는 특정 집단의 맞대응과 호혜성의 규칙을 인류는 사회 규칙으로 일반화함으로써 성취해 낸 것이다.

이에 더해 인간은 문화적 존재이기에 유전자의 이기성이 기계적으로 적용되지 않는다. "전통, 관습, 신념 따위를 유포하는 특성 덕분에 인간은 전혀 새로운 종류의 진화를 겪고 있다." 경쟁이든 협력이든 유전적 차이보다는 문화적 차이에 의해 더 자극받는다. 지역적 유대와 문화적 순응, 집단 수호와 집단 경쟁과 집단 협동 등이 서로 독립적 방식이 아니라 함께 더불어 발전했다. 협동을 잘하는 집단이 번성하는 경향을 확인하면서, 인류 역사에서 협동적 관습은 조금씩 정신세계 깊숙이 자리를 잡았다.

유전자 자체는 자기 복제라는 이기적 특징이 있지만, 이를 실현하기 위해서라도 배타적이고 이기적인 행위보다는 호혜적이고 협력적인 행위로 향한다. 사실은 개체 자체가 수많은 세포의 복잡한 노동 분화를 통해 움직인다. 모든 세포는 저마다 중요한 역할을 맡고, 개별 세포가 발휘하는 에너지와 기능의 총합보다 훨씬 많은 것을 이룬다. 개인과 개인 사이는 물론이고 심지어 개인 내부의 세포 차원에서도 호혜적 이타성이 단순히 '한정된'이나 '특별한' 경우로 제한되지 않고, 광범위하고 일반적인 차원으로 작용한다.

진화를 실질적으로 이끄는 것은 이기성이 아니라 이타성이다. 이기성과 이타성을 상호 대립적, 배타적 관계로 보는 통념은 단견 중의 단견이다. 생물진화와 인류 역사는 유전자의 이기성이 어떻게 일반적인 이타성을 만들어내는가를 확인해 온 과정이다. 유전자의 이기적 동기 때문에 인간이 불가피하게 이기적인 존재일 수밖에 없는 게 아니다. 유전자가 이기적 동기를 스스로 실현하기 위해 인간의 이타성을 확산시킬 수밖에 없는 것이 진실이다.

Part 2

세상을 왜곡시키는 말

chapter
7

/

아는 만큼
보인다

바실리 칸딘스키, 〈무제〉, 1923년

◇

먼저 알아야 한다는 강박관념

추상미술의 아버지로 불리는 바실리 칸딘스키^{Wassily Kandinsky}(1866~1944)
의 〈무제〉를 보면 어떤 생각이 떠오르는가? 대부분 난감한 기분이 든
다. 무엇을 어떻게 봐야 하는지 갈피를 잡지 못하기 때문이다. 다양한
기하학적 도형이 복잡하게 얽혀 있다. 여러 종류의 점, 직선과 곡선,
원과 삼각형과 사각형 등이 어지럽다. 아무 생각 없이 낙서를 해놓은
느낌이다. 색이 있기는 하지만 자홍, 청록, 노랑 등 삼원색을 중심으
로 단순하게 면을 채워놓은 듯하다.

자연과 도시 공간에서 본 적이 있는, 우리에게 익숙한 인간 활동이
나 사물의 흔적을 발견할 수 없다. 그림을 보며 이해할 수 있는 실마
리가 없으니 난감하고, 누군가 감상평을 묻기라도 하면 당황스럽기
마련이다.

게다가 그림 제목도 〈무제〉다. 보통 미술 작품을 접했을 때 작가
의도를 손쉽게 접하는 정보가 제목인데 아예 '제목 없음'이란다. 이
그림만이 아니다. 칸딘스키의 그림 대부분이 점과 선, 그리고 다양한
도형으로 가득하다. 사실적 형체를 버리고 순수한 추상에만 몰두하

는 그림을 앞에 두고, 제목까지 아무 정보를 주지 않으니 당황스러운 게 당연하다.

미술 작품 이해에 난감해하는 사람이 흔히 듣는 말이 있다. "아는 만큼 보인다." 우리에게 잘 알려진 미술사학자가 말한 이후에 유행처럼 퍼졌다. 그는 어떻게 하면 미술에 대한 안목을 갖출 수 있느냐는 질문에 대해, 최선의 묘책으로 "인간은 아는 만큼 느낄 뿐이며, 느낀 만큼 보인다"라고 답했다. 정조 때의 문장가인 유한준의 글에서 가져온 말이다. 유한준은 당대 수장가의 화첩에 발문을 이렇게 써놓았다. "알면 곧 참으로 사랑하게 되고, 사랑하면 곧 참으로 보게 되고, 볼 줄 알게 되면 곧 모으게 되니, 그것은 한갓 모으는 것은 아니다."

'아는 만큼'이라는 말은 사람들에게 두 가지 생각을 심어준다. 하나는 시간 측면에서의 우선순위다. 윗글은 인간의 인지와 인식 행위에 나름의 순서를 둔다. '아는 것'을 보거나 느끼는 것에 앞세운다. 제대로 보려면 먼저 알아야 한다. 즉, 작품을 접하기 전에 다양한 배경지식을 알아야 한다. 다른 하나는 비중 측면에서의 우선순위다. 아는 '만큼' 보인다고 하는 순간 아는 것과 보는 것 사이에서 전자가 더 중요해진다. 둘 사이에서 기준에 해당하는 요소가 '아는 것'에 놓인다.

시간과 비중 모두에서 아는 것이 우선이라는 생각에 사로잡히면 사람들은 예술 작품을 접하기 전에 관련 배경지식을 알기 위해 책을 찾아보는 경향이 생긴다. 실제로 독서 후에 책을 들고 미술관과 유적지를 찾는 사람이 많아졌다. 처음에는 예술과 문화 유적에 대해 했던

이 말이 갈수록 여행과 세상에 대한 이해 등 다양한 영역에 적용된다.

'아는 만큼 보인다'라는 시각을 칸딘스키의 〈무제〉에 적용하면 어떻게 될까? 기하학적 도형으로 뒤범벅인 그림을 이해하려면 다양한 기호가 갖는 의미를 먼저 알아야 한다. 화가가 기호에 부여한 의미를 미리 파악해야 한다.

칸딘스키가 그림 속 기호에 어떤 의미를 두는지 알기 위해서는 작품의 구성 요소에 대해 집필한《점·선·면》을 꼼꼼하게 살펴야 한다. 현대미술은 '실용적인' 의미로부터 그리고 과거의 응용 예술로서 이뤄온 많은 역할로부터 해방되었다. 실용과 응용의 의미는 과거 미술이 어떤 역할을 했는지를 생각하면 어렵지 않게 이해된다. 과거 미술 작품에는 국가나 집권 세력의 영광을 과시하려는, 종교 교리나 메시지를 유포하려는 목적 등을 담았다. 현실의 실용적 목적에 맞는 이미지이기에 그림을 보는 순간 의도를 읽어낼 수 있었다.

하지만 현대미술은 순수하게 "회화적인 목적을 위해" 표현 수단을 사용하는 '순수'예술 단계에 이르렀다. 화가의 주관적인 생각을 회화의 구성 요소로 전달하기 때문에 "작품을 구성하고 있는 예술 요소, 즉 구성 물질을 알아봐야 하는 것"이 필요하게 되었다. 그는 이를 위해 미술 작품에 사용되는 점과 선, 도형이 각각 어떤 역할을 하는지 상세하게 설명한다.

먼저 "점은 외적인 의미에서나 내적인 의미에서 회화의 원천적인 요소"다. 아무것도 없는 침묵의 상태와 명시적으로 자신을 드러내는 형태를 잇는 역할을 하기에 원천적이다. 우리가 일상적으로 접하는 물질세계에서 점은 그 자체로 무엇을 보여주는 게 아니기 때문에 제로와 같은 상태다. 물질적으로는 아무 의미가 없는 기호에 불과하다. 하지만 기호로서의 점을 화가가 회화적으로 사용하는 순간 침묵에서 벗어나 내적인 고유성을 갖는다. 추상회화가 추구하는 비물질적 작업에서 출발이자 본질이 된다.

다음으로 점의 움직임에서 생겨나는 선은 "정적인 것이 역동적인 것으로 비약"하게 만든다. 점이 정지 상태로서의 집중 분위기를 만든다면, 선은 무한한 움직임의 가능성을 보여준다. 수평선이 차가운 움직임이라면, 수직선은 따뜻한 움직임을 드러낸다. 대각선은 차가움과 따뜻함의 성격을 모두 포함한다.

선이 꺾여 각이 생기면 움직임이 더 강렬해진다. "각진 선에서는 면과의 접촉이 보다 강하게 느껴지는 감각이 생겨난다." 특히 직선의 꺾임이 좁혀 예각으로 향할수록 긴장의 정도가 더 심해지면서 면과의 충돌 느낌이 격렬해진다. 반대로 꺾임이 넓어져 둔각이 될수록 긴장이 약해지고 면과의 일치 정도가 커진다. 직선이 만들어내는 각의 힘이 강렬한 젊음의 에너지라면, 곡선은 자의식이 스며든 더 성숙한 에너지를 상징한다. 요철 모양의 물결선은 긍정적 압축이 부정적 압축을 넘어서 주도권을 갖는다.

면은 단지 고정된 상태로 면적만을 갖는 게 아니다. 동일한 사각형이더라도 어떻게 배치되느냐에 따라 서로 다른 움직임의 인상을 준다. "왼쪽을 향한다는 것, 즉 밖으로 나감은 먼 곳으로 향한 움직임이다." 반대로 오른쪽을 향할 때 본래의 곳으로 들어가는 관성이 작용한다. 사각형의 왼쪽 부분이 강조될 때 밖으로 향한다는 점에서 자유를 향한 움직임이 생긴다. 왼쪽을 향한 기울어짐은 모험을 향한 길이다. 오른쪽을 향한 기울어짐은 고요를 향한 길이다. 이에 비해 원은 "공통적인 근원을 발견하는 필연성"이라는 점에서 또 다른 측면의 독특한 성격을 보여준다.

이제는 점과 선 그리고 면에 대한 칸딘스키의 설명을 〈무제〉에 적용해 살펴보자. 그림을 보는 순간 중앙의 원이 눈에 들어온다. 칸딘스키에 의하면 원은 공통의 근원이다. 색을 입힌 두꺼운 테두리 선이 있는 원이 정중앙을 차지하기에 그림에 등장하는 모든 기호의 원천이다. 근원으로부터 점과 온갖 종류의 선과 도형이 솟구친다.

중앙의 원 주변에 예각의 정도가 심한 각진 선들이 집중되어 있다. 다른 면들과의 갈등이 고조되고 충돌로 나아감을 짐작할 수 있다. 갈등과 충돌이 나아가는 방향도 비교적 분명하다. 또 하나 눈에 확 띄는 도형, 왼쪽의 큼지막한 사각형이 이를 잘 보여준다. 사각형의 왼편이 확장되어 무게 중심을 차지한다. 미래와 자유를 향한 도약의 분위기를 최대한 강조하는 의미를 찾아낼 수 있다. 여기에 오른쪽 끝의 물결선을 고려할 때, 미래로의 도약이 긍정적인 방향임을 보여준다.

화면을 좌우로 나누며 위로 솟은 수직선도 눈여겨볼 필요가 있다. 수평선이나 사선에 가까운 선에 비해 중앙에서 위로 뻗은 수직선은

세상을 왜곡시키는 말

묵중한 무게감이 느껴질 정도로 굵다. 그만큼 화가가 강조점을 둔다. 수직선이 따뜻한 움직임이라는 점에서 미래를 향한 도약과 자유가 열정에 기반함을 의미한다.

◇

현대미술은 알아야 보이는가?

그런데 여전히 추상적 도형의 움직임과 분위기를 아는 데 불과하다. 추상화라도 창작 의도가 추상적인 것은 아니다. 칸딘스키는 미술과 구체적인 시대의 관련성을 중시한다. 순수예술은 기존의 실용미술처럼 시대에 종속되지 않을 뿐이다. "시대가 예술을 억지로 밀어 넣으려는 그 한계를 넘어서며, 미래의 내용을 제시한다." 순수예술로서의 추상미술은 오늘날의 시대적 억압에서 해방을 향한다. 이 작품이 제작된 1923년을 전후한 시대 배경을 〈무제〉에 추가해 보자.

당시 유럽은 격동의 한가운데 있었다. 몇 년 전까지만 해도 온 나라가 제1차 세계대전에 휩싸였다. 20세기 초반에 유럽인들은 미래에 대한 장밋빛 전망을 품었다. 과학기술과 생산력 발전에 의한 물질적 풍요, 민주주의와 자유의 확대에 대한 기대로 들떠 있었다. 하지만 20세기 벽두에 유럽인들을 집단적 죽음의 공포로 밀어 넣는, 그 이전의 어떤 시대와도 비교할 수 없을 정도로 참혹한 전쟁이 벌어졌다.

칸딘스키가 보기에 세계대전 말미에 미래를 향해 새로운 가능성

우리를 속이는 말들

을 여는 역사적 사건이 벌어졌다. 바로 1917년 11월의 러시아 사회주의 혁명이다. 러시아만의 현상은 아니었다. 유럽 전역에서 혁명적 분위기가 급격하게 상승하는 중이었다. 칸딘스키의 추상미술은 러시아 혁명의 세례를 받아 발전했다. 혁명을 전후해 러시아 미술계는 미래파, 큐비즘, 구성주의, 절대주의 등 아방가르드가 만개하며 예술적 에너지가 폭발했다.

기존의 낡은 질서를 부정하고 혁명적 분위기가 솟구치는 상황에 부응하며 새로운 것을 창조하고자 하는 예술적 욕구와 실험이 분출했다. 당시 러시아의 대표 시인이자 극작가인 마야코프스키는 "가두는 우리의 붓, 광장은 우리의 팔레트"라고 부르짖으며 혁명적 분위기를 고취했다.

칸딘스키는 참혹한 세계 전쟁과 심각한 빈부격차로 얼룩진 기존 질서를 넘어서 새로운 미래로 나아갈 가능성을 러시아의 혁명적 분위기에서 발견했다. 무엇보다도 러시아 혁명을 주도한 레닌의 추상회화에 대한 적극적인 태도가 큰 영향을 미쳤다.

추상미술을 비롯한 아방가르드적 예술 사조에도 관대했다. 정치 영역만이 아니라 예술에서도 '새 술은 새 부대에' 담으려는 노력이 필요하다는 태도를 지녔다. 이러한 분위기에 힘입어 칸딘스키를 비롯해 실험적인 예술을 지향하는 작가들이 러시아로 대거 몰려들고, 러시아 미술의 일대 부흥이 일어났다.

이러한 시대적 배경지식과 칸딘스키의 활동을 추가해서 〈무제〉의 구성 요소 분석에 결합하면 더 풍부한 해석이 나온다. 중앙의 원에서 바깥을 향한 빅뱅 이미지는 전쟁과 빈곤으로 얼룩진 낡은 질서에서 시작한 사회혁명을 계기로 새로운 세계로의 혁신을 떠올리게 한다. 왼쪽을 향해 확대되는 대형 사각형이 주는 미래지향적 분위기는 역사의 진보라는 방향과 연결해서 생각해 볼 수 있다. 화면을 좌우로 나누는 수직선이 주는 따뜻함은 평화, 평등, 자유의 확대를 향한 민중의 열망을 반영하는 단서로 읽을 수 있다.

'아는 만큼 보인다'는 시각을 〈무제〉에 적용하면 이 모든 지식, 즉 칸딘스키가 생각하는 회화의 추상적 구성 요소에 대한 지식, 시대 배경을 비롯한 예술가로서의 활동에 대한 지식을 상당 부분 알아야 제대로 감상할 수 있다는 결론에 도달한다. 그런데 이제 우리는 이러한 상식에 의문을 던져봐야 한다. 정말 미술 작품을 제대로 보려면 이러한 지식을 먼저 알아야만 하는가?

사실 그림을 스쳐 지나가듯이 얼핏 보고 "이게 뭐야!"라고 하기보다는, 관심을 두고 30분 정도 꼼꼼하게 들여다보고 있으면 특정한 느낌이 생긴다. 누가 봐도 중앙의 원이 중심 역할을 한다는 것, 그리고 빅뱅 현장을 떠올리게 한다는 것 정도는 배경지식이 없어도 느껴진다. 사각형만 해도 왼편으로 무게 중심이 갈 때 밖을 향해 나아가는 움직임의 가능성을 보여준다는 지식 없이도 느낌으로 알 수 있다.

각종 도형이 중심에서는 작게 그 주변에서는 크게 되어 있고, 대부분 선이 방사선 형태로 뻗어 있어서 원근법 효과를 발휘한다. 게다가 중앙에 밀집된 점이 밖으로 향할수록 옅어져 가는 모습까지 있으니 자연스럽게 확장되는 분위기가 전달된다. 직선이 예각으로 꺾여 있을 때 갈등이나 공격적 이미지를 갖는다는 점도 지식과 이론이 없어도 쉽게 다가온다. 전반적으로 붉은 계통의 색이 곳곳에 퍼져 있어서 따뜻한 감정도 생긴다.

시대 배경도 사실은 바로 직전에 세계대전과 러시아혁명이라는 역사적 대사건을 겪은 1920년대 초반의 유럽인이라면 특별한 지식이 전제되어야 하는 것은 아니다. 현재 한국인의 관점에서 보더라도 20세기 초반의 유럽 상황은 기본적인 세계사 상식으로도 접근할 수 있는 내용이다. 꼼꼼하게 그림을 보면서 생긴 느낌과 상식으로 아는 시대 상황을 연결하면, 아주 구체적이지는 않더라도 어느 정도 공감할 수 있다.

◇

보고 느끼고 안다
- 레프 톨스토이 《예술이란 무엇인가》

무엇보다도 아는 것을 우선하는 관점은 세상과 예술에 대한 편견이나 왜곡된 통념을 만들 수 있다는 점에서 문제다. 일종의 '주지주의主知主義' 편향을 만들어낸다. 주지주의는 '아는 것' 중심의 사고방식, 즉 지성 또는 이성이 의지나 감정보다도 우위에 있다는 사고방식을 말한다. 주지주의가 예술에 적용될 때 창작이나 감상 과정에서 감각에 의한 느낌보다 지성에 의한 지식을 중시하는 경향을 띤다.

　주지주의는 예술 영역에서 엘리트주의를 만들어내기 십상이다. 예술 작품에 대한 해석의 권위를 소수 지식인에 두는 경향 말이다. 감정은 누구에게나 있는 마음 상태다. 누가 가르쳐주지 않아도 마음속에서 우러나온다. 하지만 지성과 이성을 매개로 한 풍부한 지식은 오랜 기간 훈련 과정을 거친 소수의 사람만이 얻는 것이다. 감각으로 보는 것과 감정으로 느끼는 것보다 지성으로 아는 것을 우선시하는 순

해럴드 하비, 〈미술 비평가들〉, 1922년

간, 자신의 의도와는 무관하게 예술에서 주지주의와 엘리트주의를 확산하는 과오를 범한다.

영국 화가 해럴드 하비Harold Harvey(1874~1941)의 〈미술 비평가들〉은 예술 영역에서의 주지주의를 비판하는 분위기를 드러낸다. 비평가 세 명이 둥근 탁자에 둘러앉아 작품에 대한 감상평을 나누는 장면이다. 실내 분위기와 옷차림에서 도회적인 분위기가 물씬 풍긴다. 인쇄된 작품을 돌려보며 감상하는 중이다. 각자 자리 앞에 와인과 커피 한 잔씩 놓여 있는 것으로 봐서 꽤 긴 시간 이야기를 나누는 듯하다.

이 가운데 중심 역할을 하는 여인이 한 팔을 의자 등받이에 걸친 모습으로 그림을 본다. 그림과 거리를 두고 건조한 표정으로 응시하는 모습으로 봐서 비판적인 평을 몇 마디 던졌을 듯하다. 등 뒤에서 함께 보는 여인도 그의 어깨에 손을 얹고 있어서 공감의 뜻을 내비치는 게 아닌가 싶다. 건너편 여인은 선배 비평가들의 반응과 말에 귀를 기울인다. 비평가들의 몸짓과 표정에서 거만함이 느껴진다.

전문 비평가들인 이상 이 자리에서의 감상평을 곧 신문이나 미술 관련 잡지 등에 발표하리라. 예술 비평을 다루는 상당수 글에서 흔히 접하듯이, 온갖 전문적인 비평 용어를 사용하며 적당한 인정과 비판 내용을 넣었으리라. 그림을 보는 일보다 작품을 분석한 비평을 읽는 일이 더 어려운 경우가 많다.

화가도 비평가들을 향한 곱지 않은 시선을 그림에 담은 듯하다. 하비는 짧은 파리 유학 생활 이 년을 제외하고는 평생을 고향 마을에 머물며 작품 활동을 했다. 어릴 때부터 고향에서 느낀 일상의 소박한 감성을 화폭에 담았다. 아내도 그림을 독학해, 함께 마을에 대한 애정을 회화로 표현했다. 영국 미술의 중심지인 런던을 거의 찾지 않았고, 화가로서도 외부 평가와 명성에 연연하지 않았다. 화가의 내력을 고려할 때 작품에 대한 평가를 늘어놓는 비평가들에게 느끼는 거리감을 표현한 게 아닌가 싶다.

아는 만큼 보인다는 관점에 대한 비판적 시각으로는 19세기 러시아를 대표하는 작가이자 사상가 레프 톨스토이$^{Lev Tolstoy}$의 설명을 적극적으로 참고할 만하다. 《예술이란 무엇인가》에서 예술이 감정과 갖는 관계에 대해 다음과 같이 강조한다.

"예술은 인간 상호 간 교류 수단의 하나다. … 예술 작업은 귀나 눈으로 타인의 감정 표현을 접했을 때 상대의 경험과 동일한 감정을 경험하는 능력을 가지고 있다는 데 근거를 둔다. … 예술은 자기가 경험한 감정을 타인에게 옮길 목적으로 재차 이를 자기 속에 불러들여 일정한 외면적인 부호로 표현할 때 비롯된다. … 예술의 작용이 갖는 중요성은 언어의 작용에도 필적할 만한 것이고 또 그만큼 보급되어 있기도 하다."

톨스토이에 의하면 예술은 감정을 매개로 하여 인간 사이에 이뤄지는 교류로 성립한다. 일단 예술은 이성과 감성 가운데 감성에 더 가까운 활동이다. 신神이나 아름다움 등의 추상적 관념을 파고들어 가는 학문 활동과는 구별된다. 단순히 개인의 즐거움이나 쾌락을 만들어 내는, 놀이로서의 활동과도 구분된다.

예술은 인간 생활의 조건으로서 접근해야 한다. 인간은 개별적 존재에 머물지 않고 타인과 교류하면서 살아간다. 다양한 수단을 통해 인간 상호 간 교류하는 능력이 있다. 학문과 예술은 여러 교류 활동 중 하나다. 이 가운데 학문은 언어를 매개로 지성적 능력을 사용해 사상과 경험을 전달한다. 이에 비해 예술은 지성을 사용하지 않는 것은 아니지만, 상대적으로 표현과 전달에서 감정에 더 의존한다.

물론 감정을 드러내는 행위 자체가 곧 예술은 아니다. 감정 표출 자체가 예술이라면, 우리가 일상생활에서 매일 수도 없이 경험하는 감정의 출렁임이 모두 예술 행위가 되기 때문이다. 자기가 느낀 감정 그대로의 표출이 아니라, 다른 사람에게 전달하기 위해 "자기 속에 불러들여 일정한 외면적인 부호로 표현"하는 과정을 거쳐야 예술이 된다. 다시 말해서 미술은 회화적 이미지로, 음악은 소리와 음률로, 무용은 몸짓으로, 문학은 글로 표현하는 과정을 거쳐야 한다.

여기에서 또 하나 중요하게 봐야 하는 것은 예술이 자기만족의 활동은 아니라는 점이다. 예를 들어 누군가 종이에 그림을 그려서 책상 서랍 안에 넣어두거나, 혹은 자기 방에서 혼자 노래를 부르는 행위가 예술 활동일 수 없다. 예술은 타인과의 교류를 전제로 한다. 예술 작품은 만든 사람과 감상하는 사람, 다시 말하면 과거와 현재와 미래를 통해 예술적 인상을 받는 모든 사람 사이의 교류다.

이때 상호 간의 교류를 매개하는 수단이 바로 감성에 기반을 둔 감정이다. 예술 활동의 기초는 타인의 마음을 감염시키는 능력이 있다는 사실에 있다. 내가 웃거나 울면 상대도 명랑해지거나 슬퍼진다. 특정한 사물과 인물과 현상에 대해 환희, 존경, 공포의 마음을 드러내면 다른 사람도 같은 대상에 대해 유사한 감정을 느낀다.

주지주의적 경향은 감성을 이성보다 낮은 지위로 보는 편견 때문에 생겨난다. 하지만 톨스토이에 의하면 감정으로 인한 교류는 "언어의 작용에도 필적할 만한 것"이다. 여기에서 '언어'는 학문처럼 지성을 통해 이뤄지는 활동을 상징하는 표현이다. 지성과 마찬가지로 감성을 통해서도 이전의 인류가 경험한 일을 이해할 수 있다. 또한 동시대 사람의 경험에 대해서도 공감을 일으킨다. 단지 기쁨, 슬픔, 노여움, 절망 등 비교적 단순한 상태만이 아니다. 자유와 정의를 비롯해 시대적 과제처럼 더욱 복잡한 주제에 대해서도 미술과 문학 등의 예술 작품을 통해 공감을 끌어내는 일이 얼마든지 가능하다.

하지만 '아는 만큼 보인다'는 말이 사고방식으로 자리 잡으면 감각과 감성은 부차적인 지위로 격하한다. 지성이 지배적인 자리를 차지한다. 시와 소설 자체보다는 문학적 비평이, 미술 작품에 대한 감상이전에 미학적 비평이 우월하다는 편견을 가진다. 나아가서는 작품자체보다는 작품을 둘러싼 배경지식을 쌓는 일이 우선되어야 한다는 강박관념에 휩싸인다. 지식을 충족하고자 하는 욕구가 예술적 감흥을 대신해 버린다.

그 결과 우리 각 개인은 작품을 접하고 주도적으로 느끼고 공감하며 해석하는 예술 주체가 아니라 소수 전문가에 의해 설명된 지식을 소비하는 대상으로 전락하기 십상이다. 예술 작품과 만나서 느껴지는 열정적 감동이 약해지고, 이 자리를 암기된 지식에 기초한 차가운 분석과 평가가 대신 차지한다. 적극적이고 생동하는 예술 주체가 아니라 수동적 대상이거나 기껏해야 건조한 해석자가 되어버린다.

예술과 지성이 관계가 없다거나 지성이 지극히 미미한 역할밖에 하지 못한다고 주장하는 것이 아니다. 굳이 비유하자면 수영을 배우는 과정과 비슷하다. 수영을 배우고 싶어 관련된 책을 여러 권 구해 읽는다고 수영에 능숙해지지는 않는다. 수영을 배우려면 일단 물에 들어가야 한다. 시행착오도 겪으면서 차츰 수영에 익숙해진다. 하지만 책이나 전문가의 도움이 불필요하지는 않다. 그냥 수영을 하는 데 머물지 않고, 더 잘하기 위해서는 지식의 도움이 필요하다.

문제는 순서나 비중에서 아는 것을 보고 느끼는 것보다 우선하는 사고방식이다. 엄밀하게 말하면 예술이 감성과 맺는 특별한 관계를 고려할 때, 순서로는 보고 느끼는 것이 먼저일 수 있다. 작품을 보고 느낀 바를 지식으로 보완함으로써 더 풍부한 감상과 이해에 도달한다. 최소한 보는 것과 느끼는 것, 그리고 아는 것이 동등한 지위와 역할로서 서로 작용할 때 예술에 대한 해석은 건조하지 않고 감동적이다. 또한 우리는 수동적 대상이 아니라 적극적 주체로 발돋움한다.

———

chapter
8

/

아프니까
청춘이다

프란시스코 고야, 〈개〉, 1823년

◇

청춘은 원래 아프다는 위안

스페인 대표적 낭만주의 화가 프란시스코 고야^{Francisco Goya}(1746~1828)
의 〈개〉는 감상자를 심란하게 만든다. 검은색 개 한 마리가 늪에 빠지
는 중이다. 벗어나려고 오랫동안 온갖 노력을 다했겠지만 더 이상 도
리가 없는 듯하다. 늪에 한번 발을 디디면 빠져나오려고 발버둥을 쳐
봐야 허사다. 발이 바닥에 닿지 않으니 자꾸만 밑으로 빠져든다. 점차
힘도 빠지고 늪에서 탈출할 의지도 약해지기 마련이다.

설사 바닥에 발이 닿아도 이미 늦었다. 몸을 덮은 진흙 때문에 손
발을 움직일 수 없는 지경이다. 그림의 개도 더는 어찌할 수 없는 상
황을 직감하는 분위기다. 슬픈 눈으로 원망하듯 하늘을 쳐다본다. 행
운이 겹쳐 늪에서 빠져나와도 장밋빛 미래가 기다리는 것도 아니다.
위로는 짙은 흙바람이 불고 있어서 달콤한 나날이 기다린다고 느껴
지지도 않는다. 바깥도 앞이 보이지 않아 미래가 불투명하다는 점에
서 또 다른 늪이기는 마찬가지다.

화가가 어느 날 우연히 목격한 불쌍한 개 한 마리를 그렸을 리는
만무하다. 자신이나 혹은 스페인 사람들의 처지를 늪에 빠져 허우적

대는 개로 묘사하지 않았나 싶다. 먼저 고야는 절망적인 상태였다. 1792년 콜레라에 걸려 고열로 청력을 잃었디. 매일 극심한 이명에 시달리고 신경쇠약에 시달린 채로 하루하루를 살았다. 〈개〉를 그리기 몇 년 전에 '귀머거리의 집'이라고 이름 붙인 시골 주택에 살면서 세상과 거리를 둔 생활을 한다. 벽에 〈검은 그림〉으로 알려진 어두운 연작을 그렸는데, 〈개〉도 그중 하나다.

당시 스페인 사람들의 어두운 상태도 반영되었다고 봐야 한다. 프랑스대혁명을 매개로 유럽에 합리적 이성의 큰 흐름이 도도히 흐르기 시작했음에도, 스페인에서는 여전히 전근대적 사고방식이 맹위를 떨쳤다. 중세 봉건사회의 부정적 행태가 여전하고, 군주제 폭정까지 겹쳐 대다수 민중이 고통 속에 살았다. 게다가 연작 〈검은 그림〉을 그리기 얼마 전에는 입헌군주제를 향한 개혁 움직임조차 패배했다. 그리고 반동 움직임이 팽배한 정치 상황이어서 오늘보다 나은 내일을 기대하지 못하는 나날이었다.

그런데 무려 이백 년 전 그림이지만 어쩐지 우리 눈에 남의 일 같아 보이지 않는다. 늪에 빠진 개를 보면서 자신의 처지를 떠올리는 사람이 적지 않다. 오늘날 한국에서 살아가는 우리에게도 공감을 불러일으키는 이유가 무엇일까? 한 치 앞을 내다보지 못할 정도로 미래가 불확실하고, 무엇보다도 고통의 늪에서 빠져나오지 못한 채 매일을 버티는 심정으로 살아가는 사람이 많기 때문이리라.

단순히 어려움에 처한 개인만의 문제가 아니다. 개인을 넘어 전반적으로 늪에 빠진 상태로 여겨지는 계층이 있다. 바로 지금 한국을 살아가는 청년이다. 오죽하면 청년을 가리키면서 '삼포세대', '오포세대', 'N포세대'와 같은 말이 상식처럼 쓰이겠는가. '삼포'는 세 가지를 포기한다는 말인데, 연애와 결혼과 출산에 대한 희망을 버렸다는 의미다. 이미 한국의 출생률이 꽤 오래전부터 세계 최저인 것은 누구나 아는 사실이다. 출산은 둘째 치고 아예 결혼까지 무리한 욕심이 되어버렸다. 심지어 청춘 때 당연히 누리는 연애조차 사치스러운 일로 여긴다.

'오포'는 여기에 두 가지가 추가된다. 내 집 마련과 인간관계다. 연애, 결혼, 출산을 포기한다는 것은 이미 인간으로서 가장 기본적 욕망을 내려놓아야 할 정도로 현실이 팍팍하다는 이야기다. 이 정도만 해도 희망이라고는 근거를 찾기 어려울 지경인데 'N포'라는 말까지 생겨났다. 도대체 무엇을 더 포기할 수 있다는 말인가? 꿈과 희망마저 포기해야 할 정도로 고단하고 절박한 처지가 압축된 말이다.

나름의 노력으로 현실을 벗어났다면, 청년들 사이에 이런 끔찍한 표현이 자신들을 상징하는 말로 쓰일 리 없다. 사다리 위로 오를 기회가 있다는 말을 믿고 많은 청년이 혼신의 힘을 기울여서 자신의 경쟁력을 끌어올리려고 한다.

하지만 아무리 버둥거려도 제자리를 맴돌아야 하는 현실, 나아가서 자꾸만 아래로 추락하는 현실 앞에서 절망감에 휩싸인다. 깊이를 알 수 없는 늪에 빠진 느낌으로 살아간다. 자꾸만 포기해야 하는 것이 늘어나는 아픔을 고려할 때, 늪에 빠져 허우적대는 개의 모습이 남의 처지 같지가 않다.

워낙 청년의 아픔이 깊기 때문에 사회 관심도 늘어나는 추세다. 최근 십여 년 사이에 청년이 처한 현실을 진단하고 대안을 모색하는 작업이 줄을 이었다. 무엇보다도 앞날에 대한 불안감에 휩싸여 사는 청년에게 위안을 건네는 글이 인기를 끌었다. 특히 명문대의 한 교수가 이십 대를 향한 따뜻한 메시지를 담은 책 제목,《아프니까 청춘이다》가 이 시대의 청년을 상징하는 유행어가 되었다.

실제로 이 말을 유행시킨 책 내용도 청년에게 보내는 위안과 격려로 가득하다. 청춘은 눈부시고 아름다우니 실의에 빠져 있을 때가 아니라고 한다. 설사 아픔이 있다고 해도 어떻게 하느냐에 따라 미래가 온전히 자신의 것일 수 있으니, 인생의 가능성을 열기 전에 너무 일찍 직장의 안정성만을 목표로 삼는 우를 범하지 말라고 충고한다. 당장의 직업에 목을 매는 '내일'이 이끄는 삶이 아니라, 오늘의 아픔을 넘어섬으로써 맞이할 '내일'이 이끄는 삶을 살라고 한다.

또한 당장은 시련이 주는 고통이 크기는 하겠지만, 바닥은 생각보다 깊지 않으니 절망하지 말고 시련을 불안과 절망의 근거가 아니라 나의 힘으로 삼으라고 한다. 온전히 자신의 결정으로 만들어나가는 주체적 삶을 권한다.

가히 청년에게 보내는 위안의 종합 선물 세트라고 할 만큼 따뜻한 격려로 가득하다. 위안을 주는 말 자체는 전혀 문제가 될 게 없다. 실제로 실의에 빠진 청년에게 시련이 기회가 될 수 있음을 일깨우고 힘을 북돋아 주는 일이 꼭 필요하다. 문제는 위안이 필요한 정도 이상으로 강조할 때 생긴다. 마치 지금 청년에게 가장 필요한 게 등을 도닥거려 주고, 미래의 희망을 친절하게 안내하는 것처럼 여기게 한다.

나아가 "아프니까 청춘이다"라는 말이 유행하면서, 저자의 본래 의도와는 무관하게 청년의 아픔을 정당화하는 용도로 사용되었기에 더 문제다. 청년세대는 아픈 게 당연하다는 식의 사고방식을 퍼뜨린다. 옛날이나 지금이나 청춘은 본래 시련과 아픔을 동반하기 마련이니까, 불만을 품거나 불평을 하기보다는 잘 버티면서 이겨나가라는 충고가 되어버린다. 시선이 청년을 아픔의 늪 속에서 허우적대게 하는 사회 원인으로 향하기보다는, 개인 원인으로 향하도록 한다.

◇

불확실과 불안 속에 사는 청춘

막연한 불확실성에서 오는 아픔이라면 위안과 격려도 대신할 수 있다. 부모 보호 아래 있던 유년기와 청소년기를 거쳐 독립적으로 인생을 이끌어나가야 하는 시기, 십여 년 이상의 학교생활을 마치고 본격적으로 사회라는 새로운 공간으로 나아가는 시기여서 생기는 일반적 불안이라면 청춘은 본래 아프다거나 젊어서 고생은 사서도 한다는 말이 어느 정도 유용하다.

하지만 현재 한국 청년이 맞닥뜨린 아픔은 전혀 다른 종류다. 어떤 의미에서는 청년이되 청춘은 아닌 시대를 살아가는 중이다. '청춘'은 말 그대로의 뜻으로 보자면 푸른 새싹이 돋는 봄철, 만물이 푸른 봄철이다. 어떤 의미로 쓰이든 아직 인생의 본격적인 절정 상태는 아니다. 꽃이 화려하게 활짝 피거나 열매가 탐스럽게 영글기 전이다. 꽃과 열매로 나아가기 위한 가능성을 내적으로 간직하는 시기다.

하지만 현재 한국 청년은 가능성을 제거당했다는 점에서 청년이되 청춘은 아니다. '삼포세대'니 'N포세대'니 하는 말들이 가능성을 박탈당한 현실을 여과 없이 보여준다. 청년들이 마주하는 한국 현실이 어떠하기에 가능성을 떠올리는 일조차 사치가 되어버렸는가?

가장 먼저 언급되는 아픔은 단연 취업 문제다. 이십 대 태반이 백수라는 의미에서 '이태백'이라는 말이 상식처럼 사용되고, 성인이 된 이후에도 부모에게 의존하는 '캥거루족'이 흔하다. 청년층 자식을 둔 대부분 부모가 자식의 취업 걱정을 입에 달고 살 정도다.

통계청 자료에 의하면, 청년 실업률은 약간의 오르내림은 있지만 대체로 7~8퍼센트 정도다. 30만 명이 넘는 청년 실업자가 일자리를 찾지 못한 채 우울한 나날을 보낸다. 대학을 졸업한 고학력 청년층의 취업 고민도 날이 갈수록 깊어간다. 한국교육개발원 발표에 의하면 최근 십여 년 동안 대학 졸업자 취업률이 70퍼센트에도 미치지 못한다.

더 심각한 문제는 이른바 '좋은 일자리'가 너무나 부족하다는 점이다. 오랜 기간 고용이 보장되는 안정된 일자리, 어느 정도 만족스러운 생활이 가능할 정도의 연봉이 제공되는 일자리가 턱없이 부족하다. 무엇보다도 고등학교를 졸업하고 취업한 청년의 상황은 더욱 심각하다. 최근 고용노동부의 '고용형태별 근로실태조사'에 의하면 65세 이상 노인에 비해 25세 미만 청년의 평균 임금 수준이 낮다.

한국 사회에서 노인의 경제적 처지가 열악하다는 점은 이미 잘 알려져 있다. OECD 34개 나라 가운데 노인 빈곤율이 부동의 1위다. 그럼에도 25세 미만 청년의 평균 임금이 더 낮다는 지표는 고졸 취업자의 처지를 극명하게 보여준다. 주변에서 흔히 볼 수 있듯이 고졸 취업자들은 저임금 서비스 직종에 집중되어 있다. 이들에게 눈을 낮춰 일단 취업하라는 충고가 얼마나 현실에서 벗어난 허망한 말인지 금방 드러난다.

대학 졸업자라고 해서 '좋은 일자리'가 기다리는 것이 아니다. 졸업이 곧 취업이라는 기대가 무너진 지 이미 오래다. 대학 졸업반 때부터 여러 해 수도 없이 대기업에 이력서를 냈다가 실망을 거듭한 사람이 주변에 흔하다. 실업이 장기화하는 우려 때문에 대학 졸업을 미루는 경우가 많다. 자신에게 무언가 부족하다는 생각에 오늘도 이력서에 더 채울 내용이 없는지 고심하며 살아간다. 이 때문에 대학을 졸업한 후에 학원을 다니면서 취업을 준비하는 '취준생'이 넘쳐난다.

그나마 취업 준비에만 열중할 수 있으면 다행이다. 쫓기는 듯한 기분으로 초조한 나날을 살아가야 한다. 적지 않은 대학 졸업자가 학자

세상을 왜곡시키는 말

금 대출금을 상환해야 할 큰 부담을 떠안고 있다. 또한 몇 년 동안 취업을 준비하는 과정에서 알바를 반복하지만 당장 방세도 내고 먹고는 살아야 하기에 늘 쪼들린다. 알량한 수입으로만 충당하기 어려워 신용카드 돌려 막기를 하다가 빚이 쌓이는 경우도 많다.

재정 사정이 괜찮은 편인 부모에게 취업할 때까지 의존할 수 있으면 다행이지만 현실적으로 소수에 불과하다. 대부분은 이래저래 빚쟁이로 시작한 사회생활을 버티려고 지출을 최대한 줄이는 수밖에 없다. 특히 지방 출신이라면 가장 큰 목돈이 들어가는 주거 비용을 줄이기 위해 형편없는 조건을 감내해야 한다.

최근 자료를 보면 비거주용 주택에 거주하는 사람 중에 청년 비율이 70퍼센트에 이른다. 간이 벽을 경계로 몸 하나 누울 공간만 다닥다닥 붙어 있어서 옆방의 부스럭거리는 소리까지 들리는 고시원, 여름에는 찜통이고 겨울에는 냉장고 안이나 다름없는 옥탑방이라도 어쩔 수 없는 현실이다.

어떤 청춘이 인간으로서의 기본 욕망과 밀접한 연애, 결혼, 출산을 포기하고 싶겠는가. 누군가를 만나서 연애하려면 최소한의 시간적, 경제적 여유가 있어야 한다. 당장의 방세와 끼니, 매달 돌아오는 대출 상환을 걱정해야 하는 상황에서 연애에 신경을 쓸 마음의 여유조차 없기 마련이다. 설사 연애를 하고 싶다고 해도 가난한 취업 준비생을 원하는 짝을 찾기도 어렵다.

대다수 청년이 늪에 빠져 고통을 당하는 양상이 본격적인 사회

생활을 앞둔 '세대'가 갖는 일반적 특징과 관계가 있는가? 19세기 독일 낭만주의 미술의 선구자 카스파르 다비드 프리드리히^{Caspar David} ^{Friedrich}(1774~1840)의 〈안개 바다 위의 방랑자〉는 일반적 의미에서 과도기의 청년세대가 갖는 불확실성을 느끼게 한다.

한 사내가 짙은 안개가 낀 바위 위에 홀로 서 있다. 주변으로 안개가 자욱해서 어디가 길이고 어디가 골짜기인지 구분하기도 어렵다. 발걸음을 잘못 옮기면 길을 잃고 깊은 산중에서 방황하기 십상이다. 낭떠러지도 있어서 자칫 발을 헛디디면 큰 위험이 닥칠 수 있다. 게다가 제목에서 사내를 '방랑자'라고 하는 것으로 봐서 갈 길이 뚜렷하게 정해져 있다고 생각하기 어렵다. 짙은 안개 속에서 선뜻 발걸음을 내딛는 일은 누구라도 망설여지리라.

지팡이에 기대 홀로 서 있는 사내의 뒷모습에 고독과 불안이 스친다. 하지만 실의에 빠져 있는 자포자기 심정으로 느껴지지는 않는다. 한쪽 다리를 내디디고 선 모습에서 길을 헤치고 나아가고자 하는 의지가 감지된다. 또한 조금만 길게 생각하면 의욕을 잃을 필요가 없다. 당장은 눈앞에 펼쳐진 안개의 바다 앞에서 난감한 심정이지만, 조금씩 조심스럽게 걷다 보면, 또한 일정 시간 햇볕이 비추면 안개는 차츰 걷힌다.

과도기의 '청년세대'가 갖는 일반적 특징도 이와 유사한 측면이 있다. 고등학교나 대학교를 졸업한 청년에게 취업, 결혼, 출산, 사회적 관계는 한 번도 겪어보지 못한 미지의 영역이다. 학창 시절에 배운 지

카스파르 다비드 프리드리히, 〈안개 바다 위의 방랑자〉, 1818년

우리를 속이는 말들

식이 별 도움 안 된다는 것을 직감한다. 예상치 못한 돌발 변수가 시도 때도 없이 튀어나온다. 안개 낀 산길에 들어선 방랑자와 비슷한 처지다. 하지만 당장은 불확실하더라도 조금씩 실전을 겪으면서 감을 잡기 시작한다. 몇 번 시행착오와 시련을 겪으면서 제법 단단해지고 전망을 만든다. 이러한 일반적 세대 특징에서 오는 고통이라면, "아프니까 청춘이다"라는 위안과 격려가 적지 않은 도움이 된다.

하지만 한국 청년이 맞닥뜨린 아픔은 다른 성격을 갖는다. 갈수록 악화되는 생존의 벼랑에서 나아가지도 못하고 그렇다고 돌아갈 수도 없는 처지에 있다. 세대 특징이나 개인 상황과는 상당히 다른, 사회구조 문제이기에 아침에 자욱하다 사라지는 안개가 아니라 지속적으로 빠져나오기 어려운 늪으로 다가온다.

그렇기 때문에 "아프니까 청춘이다"라는 위안은 늪에서 벗어나는 데 별 도움을 주지 못한다. 시련은 일어서기 위한 디딤돌이 된다거나 밤이 깊으면 새벽이 가깝다는 위로가 허무한 '희망 고문'으로 느껴지기 쉽다. 안정에만 목을 매달지 말고 현재 하고 싶은 일을 하라는 말은 당장 숨통이 조여 허덕이는 청년을 이해하지 못하는 한가한 충고에 머문다.

◇

청춘의 희망은 어디에서 오는가?

- 조지프 피시킨 《병목사회》

특히 본래 아플 수밖에 없는 시기라는 위안은 일종의 숙명론에 빠지게 할 가능성이 크다는 점에서도 문제다. 전통사회에서 종교가 했던 역할처럼 말이다. 당시 신분제와 억압적 사회구조 때문에 고통에 빠져 있었는데, 종교는 사람들이 저항하고 바꾸려는 시도에서 눈을 돌리게 만들었다. 설교를 통해 현실의 아픔은 인간이 불가피하게 겪을 수밖에 없는 숙명이고, 인내하고 노력하다 보면 좋은 세월이 오리라는 기대감을 퍼뜨렸다. 청년의 고통에 위안과 격려라는 처방전을 내놓는 유행도 문제를 일으키는 사회구조적 요인이 아니라 개인의 마음에서 활로를 찾을 수 있다는 믿음을 퍼뜨린다는 점에서 유사한 역할을 한다.

그러면 한국 청년을 옭아매는 사회 원인을 어디에서 찾아야 하는가? 이와 관련해서는 기회의 불평등을 넘어서기 위한 새로운 대안을 제시하는 조지프 피시킨^{Joseph Fishkin}의 《병목사회》에서 많은 시사점을 발견할 수 있다.

> "각 사회 안에 수많은 다양성과 복잡성이 존재하지만, 기회구조의 전
> 반적인 형태 또한 사회마다 다르다. … 국가나 다른 어떤 중앙집권적

인 권위가 주요한 교육 경로와 이 경로를 추구하는 데 필요한 시험과 자격에 대해 상당히 통제하고 획일성을 목표로 삼을 때 병목현상을 야기한다. … 무언가가 병목을 통과하는 사람들과 통과하지 못하는 사람들을 갈라놓는 것이다."

흔히 시장경제는 노력을 통해 부의 획득과 지위의 상승 기회를 누구에게나 제공한다는 원리를 신조처럼 제시한다. 자본주의 사회는 공통적으로 누구나 경쟁에 참여할 기회를 공정하게 준다는 원리를 내세운다. 하지만 자본주의 사회라고 해서 기회의 제공이 균등하다고 생각한다면 큰 착각이다.

피시킨에 의하면 같은 시장경제여도 '기회구조'가 사회마다 상당히 다르다. 모두에게 경쟁 기회를 주고, 경쟁 과정을 공정하게 관리해도 기회구조 자체가 왜곡되어 있으면 사회 구성원의 고통이 대폭 증가한다. 이를 병목현상을 통해 설명한다.

'병목현상'은 병의 목 부분처럼 넓은 곳이 좁아짐으로써 일어나는 정체 현상을 의미한다. 보통 교통 상황을 설명할 때 자주 사용하는 표현이다. 넓은 도로에서 갑자기 좁은 도로로 차량이 몰려들면 교통 혼잡이 빚어지는데, 이를 좁은 병의 목에 비유해 병목현상이라고 한다. 피시킨은 이를 사회에 적용한다.

경쟁의 기회구조 자체가 협소해서 경쟁 과정에서 더 큰 고통에 시달리고 더 많은 탈락자가 발생하는 사회가 '병목사회'다. 유럽과 비교할 때 미국이 전형적으로 병목사회의 특징을 나타낸다는 주장이다. 그런데 한국 사회의 현실을 깊이 있게 연구했다면, 아마 한국을 산업 국가 가운데 가장 전형적인 병목현상이 나타나는 사회로 꼽았을 것이다.

국가가 시험과 자격을 통해 교육 경로를 통제하고 획일성을 목표로 삼을 때 왜 병목현상이 심화하는가? 한국 사회를 예로 들어 생각하면 이해가 쉽다. 상대적으로 안정되고 연봉이 괜찮은 직장을 얻기위해서는 대학을 가야 한다. 대학 졸업자와 고등학교 졸업자, 사무직과 생산직, 대기업과 중소기업, 정규직과 비정규직 사이에 임금과 안정성 격차가 극심하다. 그 결과 제대로 인간 구실을 하려면 무슨 수를 써서라도 대기업의 정규직 사무원으로 좁은 취업 문을 통과해야만 한다.

이를 위해서는 부모로부터 대단한 재산을 물려받지 않는 한, 모든 청소년이 고등학교에서 대학교로 이어지는 교육 경로를 지나가야만 한다. 워낙 병목이 좁기 때문에 대학교를 나온다고 해서 해결되지 않는다. 이른바 '스카이'나 '명문'으로 불리는 극소수 대학을 나와야 한다. 이를 위해 어린 시절부터 시험 성적으로 줄 세우는 나라다. 국가가 나서서 병목을 통과하는 사람과 통과하지 못하는 사람으로 갈라 놓는다.

세계적으로 드물게 국가가 수능 시험과 대학 관리 등을 통해 교육 경로를 통제한다. 명문 대학을 나와도 좋은 일자리의 보장이 없다. 몇 년째 취업 준비생 신세를 벗어나지 못하는, 사실상 고학력 실업자가 즐비하다. 'IMF 사태' 이후 직장의 안정성이 가장 중요한 가치로 여겨지면서 국가가 실시하는 공무원 시험이 청년의 중요한 희망이 되었다. 한국 청년이 세계에서 가장 극심한 줄 세우기의 늪에서 아픔을 겪고 있다.

고등학교 졸업 후에 생산직에 취업한 경우, 대학교를 졸업하더라도 중소기업에 취업한 경우, 비정규직을 전전하는 경우 경제적으로 매우 어려운 상황에 처한다. 최소한의 인간다운 삶을 보장하는 주거 공간조차 마련하기 어렵다. 나아가 급격하게 각도가 꺾이는 예각의 피라미드 사회구조가 고착되었기에, 사회적으로도 무시와 멸시의 대상이 되곤 한다. 연애하거나 결혼할 상대를 찾기도 어렵기에 '삼포'를 생각해야 한다.

피시킨에 의하면 그나마 학력 간 임금격차가 극심한 사회에서 시험의 사다리는 여러 병목 유형 가운데 하나일 뿐이다. 시험 성적, 성적증명서 등은 '자격 병목'에 해당한다. 또 하나의 병목 유형인 '발달 병목'도 큰 문제다. 유일한 기회구조인 교육 경로를 유리하게 통과하려면 대개 가난하지 않은 가정을 통과해야 한다.

어떤 부모를 만나 청소년기의 발달 과정을 겪는지에 따라 상이한 기회구조 안에 편입된다. 한국 사회는 발달 병목도 청년의 아픔에 아주 큰 요인으로 작용한다. '금수저'와 '흙수저'로 분리된 가정환경 속에서 성장하고 청년기를 보낸다. 법과 제도에 의해 강제된 신분제 사회는 아니지만, 실질적 의미에서 신분사회라고 해도 과언이 아니다.

마지막 유형 '도구적 병목'에서도 한국이 OECD 내에서 최상위 위험군에 속한다. 행복으로 이어지는 많은 경로를 따라가려면 돈과 같은 도구적 재화가 필요하다. 그런데 한국 사회에서는 사회적으로 부자에게 더 쉽게 제공된다. 예를 들어 가난하거나 안정된 직장이 없는 사람이라면 은행에서 대출하기가 어렵다. 신용카드 대출이나 심지어 사채 시장을 기웃거려야 한다.

여러 병목 유형에서 한국은 전형적인 병목사회로 규정된 미국보다 훨씬 더 목과 몸 사이의 격차가 큰 병이다. 미국이 평범한 맥주병이라면 한국은 병의 아랫부분이 평퍼짐한 호리병이라고 봐야 한다. 한국 청년 사이에 'N포세대'와 '헬조선'이라는 말이 상식처럼 퍼진 이유다.

기회구조 자체가 왜곡되어 생기는 청년의 아픔을 앞에 두고 아프니까 청춘이라며, 개인의 위안에서 길을 찾으려는 발상은 문제 본질을 호도할 수 있다. 위안이 아니라면 한국 청년에게 무엇이 필요한가? 피시킨은 경쟁 방식의 공정성에만 집중하기보다는 애초에 왜 자원이 희소하고 경쟁이 치열한지 기회구조 자체에 의문을 던져야 한다고 주장한다.

"기회구조의 다원적 성격을 강화하려면 병목의 심각성을 줄여야 한다. 즉 병목이 기회구조를 차단하는 비중을 줄이는 방향으로 기회구조를 개조해야 한다. 이렇게 하려면 단순히 더 많은 사람이 통과하게 만드는 것 이상이 필요하다. … 기회구조를 좀 더 다원적인 방향으로 이동시키면, 사람이 자신에게 어떤 종류의 행복이 중요한지를 스스로 가늠할 수 있는 상황이 만들어진다."

기회구조를 다원화하는 방향으로 사회를 바꿔야 한다. 다시 말해서 물이 병에서 나오는 통로를 넓히거나 병목을 여러 개 만들어야 한다. 한국 사회에서 최근 '공정성'이 화두가 되었다. 경쟁의 공정성을 확보하면 청년의 아픔이 해결되리라는 방안 제시다. 대학입시와 취업 과정에서 공정성을 강화해 시험과 선발을 투명하게 관리하면 된다는 식이다. 하지만 병목 자체가 극도로 좁아진 사회에서는 과정의 공정성을 강화해도 문제를 해결하지 못한다. 과정 이전에 기회구조 자체를 개혁해야 한다.

기회구조의 다원화를 좁혀서 이해하면 청년층이 선호하는 좋은 일자리의 확대다. 좋은 일자리 확대라고 하면 기업이 자유롭게 투자하고 활동하도록 최대한 편의를 제공하는 데 국가의 역할이 주어져야 한다는 주장이 단골로 등장한다. 하지만 현대사회에서 한참 빗나간 발상이다. 한국만 해도 대기업의 이익이 유례없이 불어나고 있다는 소식은 여기저기에서 들린다. 이에 비해 좋은 일자리는 갈수록 줄어들고, 대부분 국민의 삶이 더욱 팍팍해졌음을 절감한다.

특히 정보 기술의 비약적 발전으로 생산직은 물론 사무직 업무도 상당 부분 자동화된 조건에서 사기업의 고용 확대 기능이 심각하게 약화된 상태다. 기회구조의 다원화를 위해 이제는 공공 지출 증대를 통한 국가의 고용 확대 노력이 중요하다. 예를 들어 교육 복지를 강화해 학급 당 학생 인원을 대폭 줄이면 그만큼 교사 수요가 늘어난다. 또한 의료 복지를 확대하면 관련 전문 인력 수요도 늘어난다.

무엇보다도 기회구조의 병목현상을 완화하려면 학력에 따른 임금 격차를 줄이는 정책을 추진해야 한다. 한국 사회가 입시 지옥과 대학 서열화로 몸살을 앓는 이유는 일차적으로 학력별 임금격차에 있다. 특히 한국은 높은 대학 진학률로 학력 인플레이션이 가장 심한 나라다. 이는 교육을 통한 계층 이동의 가능성을 사실상 제거한다. 유럽은 대학 진학률이 높지 않다. 연봉에서 큰 격차가 없고, 기술자로서 사회적 존경도 받기 때문에 대학 진학에 인생의 사활을 걸지 않는다.

하지만 한국은 대학을 졸업하지 않으면 연봉과 직장의 안정성에서 현격히 불만족스러운 상황에 놓인다. 당연히 단 하나의 좁은 병목으로 모두가 쏠리면서 청년의 숨통을 조인다. 고등학교 졸업자와 대학교 졸업자, 사년제 대학 졸업자와 이년제 전문대학 졸업자 사이의 임금과 처우 격차를 줄여야 한다. 업무 특성상 대학교 졸업자를 원하는 경우에도 사년제 대학 졸업 여부를 채용 기준으로 두지 못하도록 규제해야 한다. 또한 업무 능력 중심의 채용 기준을 적용한 기업에 대해 정부 차원의 지원을 비롯한 다양한 사회 보완책이 필요하다.

몇 년 전에 역사학자 전우용이 한국 청년 문제에 대해 던진 메시지는 우리가 충분히 경청할 만하다. "청년들더러 실패를 두려워 말라고 하려면, 실패해도 국가가 지켜준다는 말을 함께하는 게 정상적인 국가 지도자의 자세다." 시련과 실패를 두려워하지 말라는, 청년 개인에게 향하는 허무한 격려가 필요한 게 아니다. 국가가 기회구조를 개혁해 청년 삶의 전망에 실질적인 희망을 넣어줘야 한다.

/

소확행을
즐겨라

장 바티스트 시메옹 샤르댕, 〈오슬레 놀이〉, 1734년

◇

일상의 작은 행위에서 행복을 찾다

프랑스 화가 장 바티스트 시메옹 샤르댕^{Jean Baptiste Siméon Chardin}(1699~1779)
은 사람들의 일상을 즐겨 묘사한 화가다. 정물화를 독자적인 영역으
로 끌어올린 화가로도 유명한데, 이 역시 일상의 한 단면에 대한 관심
을 잘 보여준다. 특별한 역사적, 사회적 메시지보다는 프랑스인의 가
정생활을 둘러싼 작은 소재에 주목했다. 특히 아주 사소한 생활 모습
이나 흥미로운 행위를 마치 스냅사진을 찍듯이 순간적으로 잡아내어
캔버스 위에 실현하는 데 능했다.

〈오슬레 놀이〉도 그러한 그림 중 하나다. 감상하는 사람들의 기분
을 즐겁게 한다. 한 여인이 탁자 위에 있는 작은 물건들을 이용해 놀
이를 하는 중이다. '오슬레^{Osselets}' 놀이인데, 우리로 치면 공기놀이와
비슷하다. 양 다리의 마디뼈와 작은 공을 던지며 게임을 한다. 그림
속 여인은 방금 공을 공중으로 던졌고, 아마도 왼손으로 탁자 위에 놓
인 오슬레 네 개를 집어 올릴 것이다.

여인은 놀이에 몰입하며 즐기는 분위기다. 눈동자는 공의 작은 움
직임도 놓치지 않겠다는 듯 집중한다. 앞치마의 어깨끈 한쪽이 풀어져

157
세상을 왜곡시키는 말

있는 것도 의식하지 못할 만큼 놀이에 열중하고 있다. 공을 던지는 손가락 동작도 섬세하다. 무엇보다도 놀이를 하며 스스로 즐거워하는 마음이 한눈에 느껴진다. 입가에 미소를 머금은 표정에서 즐거움이 묻어난다. 아주 사소한 놀이에 불과하지만, 적어도 이 순간만큼은 세상의 모든 시름에서 벗어나 자신만의 행복한 시간을 만끽한다.

요즘 우리 표현대로 하면 '소확행小確幸'을 즐기고 있다. 소확행은 몇 년 전까지만 해도 누구나 갸웃거릴 만큼 아주 생소한 단어였다. 언론 기사는 물론이고 개인 사이의 대화에서 이 단어가 튀어나오는 경우가 없었다. 우리 사회에서 사용된 적이 없는, 외국에서 만들어진 신조어니 당연한 일이다.

하지만 어느 순간부터 "소확행을 즐겨라!"라는 권고가 유행처럼 사용되었다. 티브이와 신문과 같은 대중매체에서도 흔히 듣는다. 진지한 시사 토론 프로그램만이 아니다. 웃음을 끌어내는 가벼운 연예 프로그램에서도 꽤 자주 나온다. 사람들의 일상 대화에서도 심심치 않게 등장한다. 아예 '행복'이라는 주제를 꺼내면 거론하는 단어 첫손가락으로 꼽는다. 이제는 대중매체를 자주 접하는 사람이라면 '소확행'이 무슨 말이냐고 묻는 경우도 많지 않다.

소확행은 일상에서 느낄 수 있는 작지만 확실하게 실현 가능한 행복을 의미한다. 일본의 유명한 소설가 무라카미 하루키가 오래전에 한 에세이에서 사용한 말이다. 갓 구운 빵을 손으로 찢어서 먹는 것, 서랍 안에 반듯하게 접어 돌돌 만 속옷이 잔뜩 쌓여 있는 것, 정결한면 냄새가 풍기는 하얀 셔츠를 머리에서부터 뒤집어쓸 때 기분, 겨울 밤 부스럭 소리를 내며 이불 속으로 들어오는 고양이 등을 예시로 든다. 바쁜 일상에서 느끼는 작은 즐거움이다. 많은 노력이 필요하거나 장기적이어서 실현 여부가 불확실한 행복을 좇기보다는, 일상에서 당장 실행할 수 있는 사소한 취미와 습관에서 소소한 행복을 추구하는 삶의 경향이다.

불과 이삼 년 전부터 과거와는 다른 방식으로 행복을 찾는 대안적인 라이프 스타일을 상징하는 말로 널리 쓰이면서 다양한 소확행을 추구하는 사람이 유행처럼 늘어났다. 자신이 처한 상황에 맞게 여러 방식으로 나타난다. 직장인과 취업 준비생, 연봉의 정도, 남성과 여성, 연령대 등 상황에 따라 다르다. 여기에 개인 취향까지 덧보태지며 다종다양하다. 공통 요소도 있다. 작지만 확실한 행복이라는 의미에 맞게 대부분 일상에서 저렴하게 즐거움을 누리는 방식이라는 점이다. 대표적인 사례들을 살펴보자.

저녁에 직장 동료나 친구와 술 한잔의 즐거움을 찾더라도 과거 풍경과는 사뭇 다르다. 예전처럼 그럴싸하게 안주를 시켜놓고 여러 사람이 취할 때까지 장시간 마시던 풍경과는 다르다. 혼자 또는 친한 동료 한 명과 함께 아주 간단한 안주에 맥주 한두 잔이면 만족한다. 편의점에서 맥주 한 캔과 패스트푸드 음식을 사서 방에 앉아 드라마를 보는 재미에 빠진다. 만 원 남짓의 저렴한 와인 한 병으로 세상 다 가진 기분을 얻기도 한다.

음식 문화에서 소확행을 추구하면서 나타나는 변화도 감지된다. 일주일에 한두 번 멀지 않은 곳에 있는 맛집을 검색해 찾아가는 행위에서 행복을 느낀다. 예전에 맛있는 음식을 먹기 위해 값비싼 레스토랑을 찾던 식도락과 구별된다. 주변의 그저 그런 식당에서 지불하면 되는 가격이되 만족감을 올리는 맛집을 찾아가 '가심비', 즉 가격 대비 심리적 만족감을 극대화하는 선택을 한다.

부담스럽지 않은 가격으로 자신의 스타일을 신경 쓰는 방식으로 소확행을 실천하는 경우도 많다. 평소에 입고 싶었던 옷을 백화점 세일 기간에 맞춰 구입하는 게 아니다. 백화점에서는 괜찮은 옷을 확인만 한다. 그러고는 온라인에서 최대한 정보를 검색해 최저가 상품을 고르거나 공동구매로 부담을 대폭 낮춘다. 혹은 동묘시장처럼 잘만 고르면 단돈 몇천 원으로 만족감을 얻는 곳을 한 달에 두어 번 찾아 소소한 즐거움을 누리기도 한다. 나아가 양말과 속옷, 향수 등을 패션의 연장선으로 삼는다.

여가 시간을 활용해 문화적 소확행을 꿈꾸는 사람도 있다. 유명 인사나 캐릭터 인물을 작게 축소한 피규어를 하나씩 수집하는 데 만족감을 느낀다. 종종 조조 영화나 심야 영화를 보며 혼자만의 여유를 맛본다. 일반 극장에서는 개봉하지 않는 영화를 보려고 예술극장을 찾기도 한다. 여행하더라도 주말을 이용해 집 근처로 떠나 부담 없이 기분 전환을 한다. 비용과 시간 때문에 근처 호텔을 잡아 1박을 즐기는 '호캉스'도 유행이다.

◇

소확행이 행복을 주는가?

샤르댕의 〈차 마시는 여인〉은 요즘 늘어나는 소확행의 한 종류를 보
여준다. 대략 40세 내외의 가정주부로 보이는 여인이 탁자에 앉아 차
를 타는 중이다. 탁자 위에는 물을 끓인 주전자와 찻잔이 놓여 있다.
찻잔에서 따뜻한 김이 피어오른다. 손을 대고 있는 여인뿐만 아니라
그림을 보는 우리에게까지 찻잔의 온기가 느껴지는 기분이 든다.

장 바티스트 시메옹 샤르댕, 〈차 마시는 여인〉, 1735년

벽에 아무런 장식이 없고 소박한 탁자와 의자로 봐서 귀족이나 성공한 사업가의 부유한 집 안으로 보이지는 않는다. 도시 중산층 정도의 여성인 듯하다. 대부분 가정주부가 그러하듯이 이십 년 가까이 매일 남편과 아이들을 위해 식사 준비를 하고, 빨래와 청소 등 잡다한 집 안일을 해왔을 것이다. 이날도 여러 집 안일을 끝내고 잠시 짬을 내어 차를 타는 장면이 아닐까 싶다.

집을 방문한 손님을 접대하거나 식구를 위해 타는 차는 아니다. 찻잔이 하나뿐인 것으로 봐서 자신이 마시려고 준비하는 모습이다. 그렇다고 일하다가 잠시 쉬기 위해 털썩 주저앉아 아무렇게나 차를 타는 모습은 아니다. 나름대로 신경 써서 옷을 차려입었다. 귀에도 작은 귀걸이를 했다. 비록 길지 않은 시간이겠지만 자기만의 즐거움을 충분히 누리겠다는 마음이 묻어난다. 입가에도 살짝 미소가 스친다.

우리 주변에서도 차 한잔의 여유를 통해 소확행을 찾는 사람이 흔하다. 직장에서 바쁜 오전 일을 끝내고 점심을 먹은 후에 커피 한잔의 여유를 즐긴다. 카페에 앉아 마시기도 하지만, 테이크아웃 잔을 들고 회사 근처 공원 벤치에 앉거나 천천히 산책하면서 스트레스를 푸는 직장인이 적지 않다. 주머니 사정이 초라한 취업 준비생이라도 예외가 아니다. 골목 작은 카페에서 반값으로 만족을 찾는다. 대도시의 웬만한 교차로 주변에 카페 대여섯 개가 있고, 주택가 골목에서도 심심치 않게 카페를 발견하는 이유다.

요즘에는 집에서 커피를 내리거나 차를 우려내는 도구를 마련해서 즐거움에 더 공을 들인다. 취향에 맞는 원두를 직접 구매하고, 마실 때마다 한 잔 분량의 원두를 갈고, 끓인 물을 조금씩 부을 때 피어오르는 거품을 보며 충족감을 느낀다. 혹은 국내외 다양한 차를 구해 그때그때 기분에 맞춰 꺼낸다. 커피든 차든 굳이 시간을 내고 공들이는 과정을 즐긴다. 맛만이 아니라 그 시간 동안 방안으로 퍼지는 짙은 향기를 만끽한다.

사람들은 작고 당장 누리는 행위를 통해 하루의 고단함과 인생의 고달픔, 앞날의 불확실성에서 오는 불안 등을 잠시나마 잊고 행복한 감정을 얻는다. 그 누구도 침범할 수 없는 자기만의 짧은 시간과 좁은 공간, 그리고 특유한 감정 내에서 시름을 잊고 행복하다고 느낀다. 다른 사람들이 찾는 여러 종류의 소확행을 접하며 '그게 무슨 행복이야?'라고 의문을 품는 사람이 있을지도 모르겠다.

정말 소확행이 현대인에게 행복을 가져다주는가? 행복이 감정의 한 부분이라는 점에서 주관적인 면을 부인할 수는 없다. 사람마다 서로 다른 계기에서 상이한 정도의 감정이 생기는 것은 당연하다. 그런 점에서 당사자가 행복감을 느낀다는 데 다른 사람이 판단하는 게 가당치 않다는 반응을 보일 수 있다. 그냥 그 사람이 느끼는 대로 인정하면 될 일이니 의문을 품을 필요가 없다는 식이다.

만약 최근 화제가 된 소확행이 말 그대로 개인이 자유롭게 선택하는 취향이라면 의문을 품거나 까칠하게 토를 달 필요가 없다. 사실 따지고 보면 순수하게 개인 취향에서 오는 소소한 행복이 최근에 생긴 현상은 아니다. 인류가 생겨난 이래 사람들은 저마다 독특한 방식으로 즐거움을 찾았다. 물론 쾌와 불쾌를 가르는 인간으로서의 기본적이고 공통적인 요인이 있기는 하다. 그렇다고 같은 요인이 모두에게 동일한 감정을 만들어내지는 않는다. 어느 정도 개인마다 편차가 있기 마련이다. 그러므로 행복에서 개인 취향이 차지하는 역할 자체를 부정하기는 어렵다.

하지만 최근 한국 사회에서 유행처럼 번지는 소확행은 그동안의 개인 취향과 몇 가지 상당히 다른 점이 있다는 데서 구별되어야 한다. 첫째, 사회가 유도하는 유행이라는 점에서 다르다. 지난 몇 년 전부터 각종 대중매체에서 소개하고 권장하는 방식으로 널리 퍼졌다. 인터넷에서도 관련 기사가 쏟아져 나왔다. 나름의 방식으로 삶의 어려움을 잊고 기쁨을 찾는 사례를 바람직한 시도로 소개했다. 그러한 의미에서 의도적으로 보급된 유행이다.

둘째, 대체로 특정한 물건이나 서비스를 구매하는 방식으로 나타난다는 점에서 다르다. 앞에서 예로든 소확행은 물론이고, 주변에서 흔히 보는 소확행을 유심히 살펴보면 비슷한 맥락이 발견된다. 몇몇 예외는 있지만 대체로 소비 행위로서의 소확행이다. 큰돈은 아니라도 일상에서 수시로 비용을 냄으로써 얻는 기쁨이다.

연구 기관과 언론을 통해 소확행이 대표 소비 트렌드로 소개된다. 새롭게 한국 사회에 영향을 미치는 주요 소비 경향을 말할 때 소확행이 단골로 등장한다. 보통은 이와 함께 가성비에 마음을 더한 '가심비'가 거론된다. 또한 직장을 구할 때 중요한 조건으로 여기는 일과 개인 삶 사이의 균형을 이루는 '워라밸'도 중요한 트렌드로 분류된다. 모두 소확행과 연관성이 아주 깊다.

기업과 판매업소가 유행을 주도한다는 점도 특징적이다. 저렴한 소품을 이용해 집 안을 꾸미는 행복, 기간이 짧고 저렴한 여행 상품을 구매하는 행복, 백화점을 비롯한 쇼핑센터에서 싼 물건을 얻는 행복, 식당에서 맛있는 한 끼를 즐기는 행복 등을 권한다. 최근 유행하는 소확행은 엄밀히 말하자면 작지만 확실하게 '지불'할 수 있는 정도의 행복이다. 얄팍한 지갑 사정에서 소비하는 정도의 행복을 찾는 경향이다. 기업의 마케팅 전략으로 이용되는 성격이 강하다.

셋째, 소확행이 주로 경제적으로 어려운 처지에 있는 저소득층이나 취업 준비생과 연관된다는 점에서도 다르다. 흔히 밀레니엄세대의 라이프 스타일을 설명하는 키워드로 사용된다. 한편으로 밀레니엄세대는 모바일과 SNS 등 정보 기술 사용에 능통하다. 다른 한편으로 2008년 세계 금융위기 이후 사회에 진출해 고용 감소, 일자리 질 저하 등의 어려움을 겪은 세대를 의미한다.

이러한 위기는 집을 마련할 길이 요원하고, 월급은 쥐꼬리만큼 적지만 아주 작은 것으로 행복을 느낄 수 있다는 인생관을 가지게 한다. 사실 하루키가 수십 년 전에 이 말을 사용하고 일본에서 유행하게 된 저변에도 비슷한 사정이 있다.

버블경제 붕괴로 힘겨운 나날을 보낸 일본인들 사이에서 소소한 행복 추구가 대안적인 인생관으로 자리 잡았다. 한국도 최근 십여 년 사이에 경제가 악화되면서, 곤란한 처지에 있는 사람이 증가하고 사회에 대한 불만이 많아지는 시점에 소확행이 권장되었다. 심리적 탈출구로서의 소확행인 셈이다.

◇

진정한 욕구인가, 허위의 욕구인가?
- 헤르베르트 마르쿠제《일차원적 인간》

적어도 소비 트렌드로서 소확행은 개인의 자율적 취향이기보다는 사회를 향한 불만을 개인의 소소한 욕구 충족을 통해 무마하는 경향과 상관이 있다. 그것도 상당 부분 자신이 비용을 스스로 내도록 마케팅 전략 차원에서 유도된 욕구라는 의심을 품어볼 만하다. 어쨌든 소확행이 개인 욕구와 연결되었다는 점에서 긍정적으로 받아들일 현상이 아니냐고 할지 모르겠다. 이에 대해 독일 출생의 미국 철학자 헤르베르트 마르쿠제Herbert Marcuse가《일차원적 인간》에서 주장한 다음 내용이 문제점을 알려준다.

"'거짓된' 욕구란 개인을 억압하는 것이 이익이 되는 특정의 사회적 세력이 개인에 대하여 부과하는 욕구를 말한다. 그것은 고역, 공격 성, 궁핍한 상황 및 부정을 영속시키는 욕구다. 이 욕구를 채우는 일은 개인에게 있어서 대단히 즐거운 일일지도 모른다. 그러나 그 만족이 사회 전체의 병폐를 인식하고, 개선할 기회를 포착하는 능력의 발달을 방해하는 데 일익을 맡는다면, 그것은 유지하고 보호해야 할 상태라고 할 수는 없다. 그런 때 발생하는 것은, 불행의 한가운데 있는 병적 쾌감과 다를 바 없다."

마르쿠제에 의하면 욕구라고 해서 다 같지는 않다. 진정한 욕구와 허위의 욕구를 구별해야 한다. 욕구가 개인 감정과 연결되기는 하지만, 그렇다고 모두 개인적 성격만을 지니는 것은 아니다. 사회적으로 '부과'되는 욕구도 무시할 수 없을 만큼 많다. 인간의 사고방식과 습관이 역사적, 사회적 상황과 관련이 있기 때문이다. 마찬가지로 인간 욕구 가운데 적지 않은 부분이 역사적 욕구다.

상품이든 서비스든 소비 행위로 행복을 얻으려는 욕구는 자본주의 사회가 만들어낸 것이다. 자본주의는 대량생산과 대량소비를 주목표로 삼는다. 대량생산을 통한 이윤 확대가 위축될 때 사회는 생기를 잃는다. 대량생산은 대량소비를 전제로 해서만 성립한다. 수단과 방법을 가리지 않고 소비를 늘리기 위해서는 사람들이 매일 필요 이상 소비를 해야 한다.

최대한의 소비를 위해서는 사회 구성원 대부분에게 소비가 곧 행복이라는 욕구를 불러일으켜야 한다. 부자만의 소비로는 대량소비가 불가능하다. 중산층은 물론이고 다수의 저소득층조차 일상적으로 소비에 몸을 맡겨야 한다. 육체적인 필요에 따른 소비라면 한계가 생긴다. 육체적 욕구라면 이느 정도 충족될 때 상당 기간 소비가 이어지지 않는다. 문화적 욕구로서의 유행을 자극해야 비슷한 제품이 있어도 사고 또 산다. 가장 효과적인 방법이 유행의 조작이다. 상품의 실질적 쓸모는 같아도, 약간의 이미지 차이만으로 계속 소비하도록 마케팅을 통해 유혹한다.

대량소비를 위한 전략은 경제 상황에 따라 다르게 나타난다. 소비 트렌드의 일환으로 권장되는 소확행은 불황 시대, 고실업 시대, 저소득 시대에 대한 사회의 대응 전략 성격이 강하다. 두 가지 점에서 그러한데, 하나는 경제 하강 국면에서의 대량소비라는 마케팅 전략이다. 중산층의 상당 부분이 하층으로 밀려나 가는 상황에서 행복을 위해서는 소소한 소비라도 그치지 말아야 한다는, 마치 마른 수건을 짜내듯이 대량소비를 유지하고자 하는 기업의 이해가 깔려 있다. 다른 하나는 경제적 고통이 사회에 대한 불만으로 확대되는 것을 막고자 하는 관리 전략으로 연결된다.

사회 세력이 개인에게 부과하는 욕구 성격이 상당하기에 소비로서의 소확행은 진정한 욕구라고 보기 어렵다. 현상적으로는 이 욕구를 채우는 일이 당사자에게 대단히 즐거운 경험으로 다가올 수는 있다. 하지만 정작 그 개인이 사회 문제를 인식하고, 더 나은 사회 상황을 만들어나가는 시도를 방해한다는 점에서 거짓된 욕구이고 '병적 쾌감'일 수 있다.

마르쿠제가 개인의 자율적인 욕구 충족을 부인하거나 소홀히 대하는 것은 아니다. 욕구에 대한 개인 선택이 갖는 중요성을 외면하지도 않는다. 오히려 타율적 욕구를 거부하고 자율적 욕구로 나아가도록 촉구한다.

> "최종적으로 진실된 욕구와 허위의 욕구 구분은 각 개인이 스스로 답을 내어야 한다. 다만 최종적인 경우, 즉 각 개인이 자유롭게 답을 낼 수 있는 경우에만 한정된다. … 외부적으로 부과되는 교화는 선전이기를 중단하고 하나의 생활양식이 된다. … 이리하여 '일차원적 사고와 행동' 패턴이 나타난다."

외적 힘에 의해 결정되는 욕구는 타율적이기에 사실상 취향 조작이고 강제다. 외적 욕구에 동일화해 적응할수록 타율적으로 조종되는 존재가 될 뿐이다. 현상적으로 자발적 선택처럼 보일지라도, 또한 스스로 자기가 결정한 것이라고 믿을지라도 실질적으로는 자율성이 형성되지 않는다. 오히려 자발적 형식으로 개인에 대한 통제가 심화된다는 점에서 자유의 축소이자 왜곡이다.

기업과 기업의 이해를 대변하는 사회 세력은 자발성의 가면을 쓰고 소비적인 욕구 충족을 행복한 인생의 지름길이라며 지속적으로 권한다. 기업 광고만이 아니라 대중매체의 다양한 프로그램과 기사를 통해 전파한다. 즐거운 삶의 표본으로 권장한다. 사회 구성원 다수의 사고방식과 인생관을 원하는 방향으로 조종한다는 점에서 일종의 교화 작업이다.

그런데 마르쿠제는 교화가 단순히 '선전'이 아니라, 하나의 '생활 양식'으로 자리 잡는다고 한다. 사회를 움직이는 구조적 원리가 되고, 개인의 자연스러운 일상으로 흡수된다는 의미다. 생활양식으로 굳어지는 순간 개인의 일상 전체가 그 안에서 이뤄진다. 세상과 인생에 대한 정상과 비정상의 구분도 소비라는 기준에 따른다.

그렇기에 여러 측면을 고려한 깊이 있는 성찰과 반성적, 비판적 사고는 사라진다. 대부분의 판단과 선택이 소비를 통한 욕구 충족에 수동적으로 자동 반응한다는 점에서 '일차원적 인간'으로 전락한다. 일차원적 사고와 행동이라는 한정된 패턴 안에서 살아간다.

한국의 소비적인 소확행 역시 하나의 바람직한 라이프 스타일로 자리 잡으면서 일차원적 인간을 양산하는 통로가 될 위험성이 커지고 있다. 기업의 마케팅 전략이나 지배 세력의 관리 전략이라는 외부의 힘에 조종당하지 않는 대안적 욕구로 전환되지 않는 한 현재의 추세가 지속될 듯하다. 형식적인 자발성이 아니라 실질적인 자율성으로서의 욕구가 어떻게 가능할지에 대한 고민이 필요한 때다.

여전히 행복감은 주관성이 강한 감정이기에 공통적인 취향으로 좁힐 수는 없다. 자유를 확대하는 개인 취향 역시 다양한 갈래로 나아간다. 사회에 대한 사고를 확장하고, 판매와 관리 전략을 통해 강제되는 생활양식에 대한 비판적 시각을 기르며, 외적 치장에 머물지 않고 내적 만족의 증진을 동반하는 방향으로 향해간다면 욕구의 계기와 종류는 개인이 내면과의 대화를 통해 자율적으로 판단할 문제다.

내밀한 인간관계에서 오는 충만함, 창조적 작업을 통한 성취감, 지적 대화에서 오는 즐거움, 새로운 환경을 맞이하는 설렘, 공적인 참여에서 오는 보람 등 무엇이든 상관없다. 자기 욕구에 충실하면 될 일이다. 소비에 의존하지 않으면서도 자유롭게 자신을 표현함으로써 쾌락을 느끼고, 내적 성장을 도모하며, 비록 소소하더라도 자신에게 맞는 취향을 찾으면 된다.

세상을 왜곡시키는 말

chapter
10

/

손님은
왕이다

게오르크 숄츠, 〈카페〉, 1921년

◇
손님이 제왕이 되다

독일 화가 게오르크 숄츠^{Georg Scholz}(1890~1945)의 〈카페〉는 부자연스러운 분위기를 풍긴다. 우리가 일상에서 흔히 접하는 공간이지만 그다지 편안한 느낌이 아니다. 손님 세 명이 눈에 들어온다. 맨 앞에 중절모를 쓴 남성은 이제 막 나온 커피의 온기를 제대로 느끼려는지 가죽 장갑을 벗는 중이다. 날카로운 눈으로 조소를 머금은 중년 여성들은 약속한 사람을 기다리는 듯하다. 이들의 표정과 동작에서 거만함이 묻어난다. 그림에 묘사된 여러 모습을 관찰하면 거만한 인상이 우연은 아니다.

먼저 남성 가슴에 달린 나치 배지가 한눈에 들어온다. 독일 나치당 소속의 정치인을 묘사한 듯하다. 당시에는 독일에 나치당이 출현해 정치적, 사회적 영향력을 확대해 나가던 중이었다. 권위로 가득 찬 표정과 꽤 고급스러워 보이는 양복 등이 어느 정도의 지위를 짐작게 한다. 두 여인도 비싼 모피 코트를 두르고 최신 유행에 맞게 외모를 꾸민 것으로 봤을 때 부유한 계층임을 알 수 있다. 다른 사람에게 주로 지시를 내리거나 호통을 치는 데 익숙한 사람에게서 보이는 고압적인 분위기가 가득하다.

숄츠가 풍자적인 방식의 리얼리즘으로 사회 비판적 메시지를 담는 신즉물주의 화가라는 점까지 고려할 필요가 있다. 권력자와 부유층을 비롯한 기득권 세력의 억압적이고 기만적인 속성을 드러내려는 의도로 보인다. 왜 도시의 카페를 무대로 삼았을까? 기득권 세력의 억압과 기만적인 태도는 국가의 권력 기구만이 아니라 생활과 소비 등 일상에서도 여지없이 드러난다는 점을 보여주고자 했던 게 아닌가 싶다.

한국 사회에서도 자주 언론 보도를 통해 접하는 현상이다. 백화점이나 음식점, 심지어 항공기 등에서 이른바 갑질을 하는 사람들 이야기 말이다. 손님이라는 명목으로 직원에게 고함을 치거나 물건을 던지곤 한다. 심한 경우 관련 직원이 자기 앞에 무릎을 꿇도록 강요한다. 기업 소유자의 가족을 비롯해 부유층이나 권력에 가까이 있는 사람인 경우가 많다.

그런데 사실 가만히 따져보면, 대단한 권력을 가진 자들에 의해서만 나타나는 특별한 현상은 아니다. 재화와 서비스를 구매한다는 사실만으로 권력관계를 강제하려고 한다. 단순한 소비자와 서비스업에 종사하는 노동자 사이에서 고압적인 분위기가 형성된다. 아예 공식적으로 소비자의 우월한 지위, 직원의 열등한 지위를 강요하는 사고방식이 상식으로 자리 잡고 있기도 하다. 이를 반영하는 대표적인 말이 있다. "손님은 왕이다."

소비 과정에서 가장 흔하게 접하는 말이다. 회사가 고용된 직원을 교육할 때 단골로 등장하는 말이고, 또한 소비자가 직원에게 더 만족스러운 서비스를 요구할 때 근거로 드는 말이기도 하다. 최대한 공손하고 상냥한 자세, 다시 말해서 최대한 낮은 자세로 대할 때 더 많은 손님이 재화와 서비스를 소비하리라는 기대를 담은 말이다. 손님은 왕과 같이 떠받들어짐이 당연하기에 직원은 일방적으로 요구에 순응해야 한다는 사고방식이다.

세계적으로 유명한 호텔 리츠칼튼의 창업자이자 '근대 호텔의 아버지'로 불리는 세자르 리츠가 손님이 왕이라는 말을 처음으로 유행시켰다. 당시 이 호텔의 주요 이용객은 왕족과 귀족이었다고 한다. 실제로 왕이나 그에 준하는 고객을 상대로 서비스를 하면서 생긴 말이다. 하지만 점차 일반 고객을 마치 왕처럼 대접하라는, 경영전략의 일부로 확대되어 사용되기 시작했다. 굳이 왕이 아니더라도 돈을 쓰는 손님은 왕이나 마찬가지로 극진한 서비스를 제공해야 한다는 의미가 되었다.

지금은 호텔만이 아니라 대부분 서비스 업종에서 경영 철학으로 삼을 만큼 비즈니스의 금과옥조나 정석과도 같은 말이 되었다. 대기업이나 대형 쇼핑센터는 물론이고, 중소 규모의 다양한 기업과 판매점, 하다못해 동네 골목 식당과 구멍가게에 이르기까지 '고객 만족' 경영과 영업의 가장 중요한 원리가 된 지 오래다.

문제는 이 말이 상식으로 자리 잡으면서 사회 차별과 억압의 도구로 사용된다는 점이다. 손님을 왕이라고 규정하는 순간, 서비스 업종에 종사하는 노동자를 자신이 마음대로 부려도 되는 하인 정도로 취급하는 태도가 만들어진다. 직원으로서의 일반 업무 이상의 서비스, 심지어 인격적인 굴욕까지 감내해야 하는 과도한 서비스를 손님과 업주에게 강요당하는 지경에 이르렀다.

특히 한국 사회에서는 '갑질'이라는, 고유명사가 만들어질 정도로 사회현상이 되었다. 외신들은 갑질이라는 단어를 한국어 그대로 Gapjil로 표기하고, 과거의 왕처럼 손님과 업주가 직원을 다루는 행위로 설명한다.

◇

소비중독 사회의 일그러진 자화상
- 존 더 그라프 《어플루엔자》

실제로 일선에서 판매를 담당하는 직원들의 경험으로 갑질을 통한 차별의 심각성을 엿볼 수 있다. 아르바이트 직원을 포함해 판매원을 대상으로 한 다양한 설문조사에서 대체로 70~80퍼센트가 손님이나 경영주에게 갑질을 당한 경험이 있다고 응답했다.

'갑질 유형'과 관련해서는 경험자 가운데 반 이상이 반말 등 인격적인 무시를 지적한다. 서비스와 직접 연관이 없음에도 불구하고 이유 없는 화풀이를 하는 경우도 있다. 오죽하면 "반말로 주문하면 반말로 주문받습니다"라는 문구를 적어놓는 가게가 있을 정도겠는가. 식당 직원 유니폼에 "남의 집 귀한 자식"이라는 문구를 넣기도 한다. 심지어 욕설을 비롯한 폭언과 협박도 상당한 비중을 차지한다. 식당과 술집에서 여성 종업원에 대한 크고 작은 성희롱도 드물지 않다.

식당과 카페에서 심하게 장난치는 아이를 방치하는 손님도 흔하다. 떠들며 뛰어다니는 아이를 만류하기는커녕 이를 제지하는 직원에게 오히려 큰소리치곤 한다. 부모 자신도 아이에게 뭐라고 하지 않는데 네가 뭐라고 내 자식에게 충고하느냐는 식이다. 이러한 부모 때문에 아이들 입장을 불허하는 노키즈존 가게가 느는 추세다.

불합리한 요구와 부당한 지시도 심각하다. 직원의 권한을 넘어선 서비스를 요구하기도 한다. 만약 요구에 응하지 않으면 다짜고짜 가게에 대해 좋지 않은 글을 인터넷에 올리겠다며 협박도 한다. 다른 손님들 앞에서 공개 망신을 주기도 한다. "주인 나오라 해! 뭐 이런 가게가 다 있어?"라며 걸핏하면 사장 나오라고 우긴다.

자기 마음에 들지 않는다며 계산할 때 돈을 집어 던지는 손님도 종종 있다. 부당한 서비스 요구를 거절했다는 이유로 계산대에서 카드를 던지기도 한다. 심지어 어떤 패스트푸드 매장에서 중년 남성이 주문한 음식을 봉투째 여성 직원 얼굴에 집어 던지는 영상이 퍼져 공분을 일으킨 적도 있다. 그 외에도 금연 표지 앞에서 담배를 피우는 손님, 한꺼번에 안 시키고 계속 오라 가라 하며 일 시키는 손님 등 다양한 방식을 보인다.

갑질을 당했을 때 대응으로는 그냥 참는다는 응답이 가장 많았다. 익울한 마음을 하소연할 곳이 없어서 혼자서 펑펑 우는 수밖에 없었다고 토로한다. 다음으로는 고작 지인에게 심정을 털어놓는 정도다. 적극적으로 손님과 경영자에게 문제를 제기하거나 관련 단체에 신고해 도움을 청하는 경우는 극히 드물다.

손님과 경영자에 의한 갑질에는 여러 원인이 있을 수 있지만, 어떤 경우에도 기본적으로는 '손님은 왕이다'는 상식, 다시 말해서 서비스업종 노동자를 업신여기는 사고방식이 바탕에 깔려 있다. 왕이라는 말은 대조적인 쌍을 전제로 한다. 손님을 왕으로 규정하는 순간 직원은 우리 의식 속에서 자연스럽게 신하나 종의 지위로 전락한다. 자기 마음대로 부려도 되고, 마음에 들지 않으면 호통을 쳐도 되는 종속적인 인간이 된다.

다른 어떤 나라보다도 한국 사회에서 갑질이 기승을 부리는 이유는 무엇인가? 몇 가지 이유를 떠올릴 수 있다. 하나는 손님을 왕으로 여기는 사고방식이 더욱 널리 퍼져 있다는 점이다. 유럽을 중심으로 한 서구 사회는 일찍부터 노동조합이 폭넓게 자리 잡았다. 그뿐만 아니라 노동자를 비롯한 사회적 약자를 대변하는 정당과 사회단체들이 상당한 영향력을 가진다. 지난 수십 년 사이에 약화되기는 했으나 여전히 한국보다는 노동자 권리에 대한 이해가 깔려 있다.

그렇기에 손님을 왕으로 여기는 사고방식이 기업 경영자나 판매점 업주들 사이에 이윤 확대를 위한 효과적인 경영전략으로 여겨진다고 해서 곧바로 대중 의식으로 이어지는 것은 아니다. 주로 자신의 부와 지위를 과시하고자 하는 권력자와 부유층 사이에서 직원을 종으로, 자신을 왕으로 여기는 사고방식이 퍼진 정도라고 봐야 한다. 하지만 이조차도 소비 현장에서 노골적인 언행으로 나타나는 데는 적지 않은 제약이 따른다. 노동조합을 통해 보호를 받는 노동자와 권리 의식이 상대적으로 높은 여론 때문에 갑질이 제한적으로 나타날 수밖에 없다.

이에 비해 한국은 노동조합으로 조직된 노동자가 상당히 적다. 서비스업종의 노동자들 상태는 더욱 열악하다. 특히 편의점과 식당을 비롯한 다수의 소매점에서 일하는 직원과 아르바이트생의 경우 노동조합이 거의 전무한 상태다. 어떠한 보호막도 없이 갑질에 노출되어 있다. 오랜 독재 통치와 노동자에 대한 탄압의 역사 속에서 언론을 비롯한 대중 의식 안에 노동자 권리에 대한 이해가 매우 낮은 편이다. 사회적 보호막이 열악한 조건에서 직원들이 무방비로 노출되어 있기에 갑질이 더욱 기승을 부린다.

게다가 한국은 소비중독 현상이 더욱 극심하다는 점에서 갑질의 정도가 더욱 심하고, 그 범위도 훨씬 넓다. 소비중독이 사회적으로 문제가 된 미국보다 한국이 더 심하다. 미국은 소비중독을 의미하는 '어플루엔자affluenza'라는 말이 통용될 정도도 일찍 소비 왕국이 형성되었다. 어플루엔자는 소비를 통한 낭비가 상당한 전염성을 갖고 전파되는 증상을 말한다. 존 더 그라프John de Graaf가 《어플루엔자》에서 주장한 내용은 미국의 소비중독 현상을 잘 보여준다.

"2차 세계대전 이후 미국인들은 역사상 유례가 없는 소비 잔치로 흥청대고 있으며, 지난 수년 동안의 호황은 잔치판을 거의 광란 상태로 몰아넣었다. … 1986년만 해도, 고등학교가 쇼핑센터보다 많았다. 그런데 불과 15년 만에 쇼핑센터가 고등학교의 2배를 넘어섰다. 어플루엔자 시대에 쇼핑센터는 교회도 밀어내고 문화적 가치의 상징이 되었다."

그라프에 의하면 이제 미국은 거리에서 가장 흔하게 볼 수 있는 게 각종 판매점이다. 무엇보다도 대형 쇼핑센터가 일상을 지배한다. 1970년대만 해도 사치품으로 통하던 물건들이 이제는 미국 가정 내 생활필수품이 되었다. 중산층 가정에서 식기세척기, 빨래 건조기, 냉난방 기기, 케이블티브이, 전자레인지 등을 흔히 볼 수 있다. 수십 년 전만 해도 핸드폰, 개인용 컴퓨터 등조차 대중 제품이 아니었다. 하지만 지금은 대다수 미국인이 당연히 갖고 있어야 할 제품으로 생각하고, 없으면 박탈감을 느낀다. 게다가 아이들과 놀아주는 것보다 쇼핑에 더 많은 시간을 쓴다.

일상생활에도 큰 변화가 찾아왔다. 과거에 집에서 직접 타서 먹던 커피를 이제 바깥에서 돈을 내고 마시는 경우가 많아졌다. 예전에 외식은 특별한 행사였다. 어쩌다 기념할 만한 날에 누리는 호사였다. 하지만 지금은 외식이 일상적 모습이 되었다. 심지어 직접 요리해 먹는 데 드는 비용보다 식당에서 쓰는 돈이 더 많아졌다.

미국의 소비중독 현상을 보면서 대다수 한국인은 '뭐 그 정도 갖고 그러냐!'라는 생각을 하기 십상이다. 미국에서 본격화된 고삐 풀린 소비주의라는 병이 전 세계에 퍼졌다. 티브이는 개발도상국의 수많은 사람에게 미국의 소비주의 생활 방식을 전파했다. 그리고 개발도상국은 소비주의 사회에 편입되었다. 한국에도 오래전에 소비주의가 맹렬한 기세로 상륙했다.

이미 한국은 미국을 저만치 따돌리고 세계에서 가장 극심한 소비중독 사회가 되었다. 노인에서 초등학생에 이르기까지 스마트폰을 지니지 않은 사람이 거의 없다. 스마트폰 사용 시간이 부동의 세계 1위일 뿐만 아니라, 비싼 신상품 교체 주기도 가장 빠르다. 중산층 가정만 되어도 고가의 최신형 티브이, 냉장고, 에어컨, 진공청소기 등이 필수품 된 지 오래다. 서민층 가정이라도 가격과 크기만 조금 다를 뿐집 안에 각종 가전제품이 즐비하다.

외식 문화는 더하다. 자영업자 비중이 세계 최고 수준이다. 번화가만의 현상이 아니다. 동네 골목에 이르기까지 온갖 상점이 들어서 있다. 외국인들이 한국을 처음 찾아와서 제일 놀라는 것 중 하나가 밤늦도록 불이 꺼지지 않는 상점과 새벽까지 도로에 북적이는 사람들이다. 이토록 소비에 열중하는 나라를 어디에서도 볼 수 없기 때문에 놀란다.

한국의 소비중독이 세계 최고 수준이기에 갑질의 정도가 더 심하게 나타난다. 자영업 가운데 요식업과 편의점, 의류 판매업 등의 영세한 소형 매장이 절대다수다. 이러한 소형 매장에는 직원 한두 명이 고 작이기에 노동조합의 보호를 받기도 어렵다. 갑질을 하기에 더없이 좋은 조건이다.

또한 소비중독이 강할수록 제품만이 아니라 소비 과정에서 만족 감을 높이려는 경향이 강해진다. 사람들은 서비스를 통해 특별한 대 접을 받는다는 느낌을 원한다. 중산층이나 서민층의 일반 소비자에 게도 소비하면서 자신을 우월하게 여기는, 손님이 왕이라는 특권 의 식이 스며든다. 그 결과 갑질이 사회 전체적으로 일상화되는 현상이 벌어진다.

◇

감정의 상품화
- 앨리 러셀 혹실드 《감정노동》

프랑스 인상주의 미술의 아버지로 불리는 에두아르 마네^{Édouard Manet} (1832~1883)의 〈카페 콘서트〉는 흥미로운 광경을 보여준다. 마네가 즐겨 찾았던 파리 레이치쇼펜 거리의 카페 모습이다. 뒤로 무대 위 무 용수 모습이 보인다. 손님들이 공연까지 즐기는 카바레 형식의 카페 다. 이 카페의 광경을 작품 몇 점으로 남겼는데, 그 가운데 하나다.

맨 앞에 나이가 꽤 들어 보이는 신사와 중년 여인이 앉아 있다. 공 연에는 별 관심이 없는지 반대편을 바라보며 술을 마시고 있다. 술잔

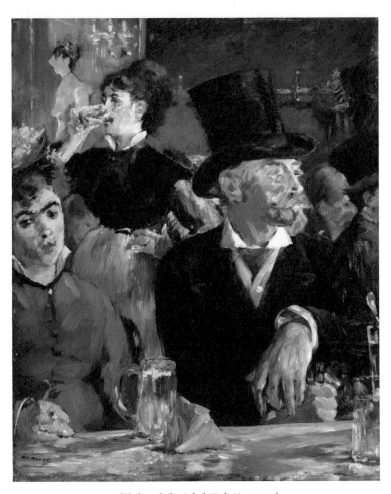

에두아르 마네, <카페 콘서트>, 1878년

세상을 왜곡시키는 말

의 모양과 크기, 술의 색을 봐서 맥주를 마시는 듯하다. 카페를 가득 채운 다른 손님들도 저마다 일행과 앉아 술잔을 기울이며 대화에 한창이다.

그런데 손님들 사이에서 한 여성이 서서 맥주를 한 잔 들이켜는 중이다. 이 카페를 그린 다른 그림에서 같은 복장의 여성들이 술과 음식을 나르는 것으로 봐서 여기 직원이라는 점을 알 수 있다. 일하던 중에 힘이 들고 목이 말라 시원하게 맥주를 한 잔 마시는 듯하다. 평소에도 이런 광경이 흔한 듯, 직원과 주변 손님 모두 자연스러운 분위기다.

만약 한국의 식당에서 서빙하던 직원이 손님들이 앉아 있는 테이블 옆에 서서 맥주를 마신다면 어떤 일이 벌어질까? 십중팔구 주변 손님들은 서비스직 종사자의 기본자세가 안 되어 있다는 생각을 할 것이다. 뭐 하는 짓이냐며 직원을 나무라고, 당장 사장 나오라고 호통을 치는 손님이 한두 명 나서기 마련이다. 다수의 한국 소비자에게는 손님은 왕이라는 특유의 관념이 있기에 직원은 일하는 동안 오직 손님만을 위해서 모든 시간을 써야 한다고 여기기 때문이다. 업무상 필요한 서비스만이 아니라 손님의 심기까지 살피고 조금의 소홀함도 없어야 한다고 생각한다.

이를 위해 기업과 업주는 직원에게 업무 시간 내내 감정을 통제하고 관리하도록 한다. 계약상의 노동 이외에 '감정노동'도 수행하도록 요구한다. 감정노동은 고객이나 관리자가 바람직하다고 여기는 감정을 자기 의지와 무관하게 이행하는 노동을 의미한다. '손님은 왕이다'

는 통념은 감정노동을 당연한 임무로 받아들이도록 만든다. 노동자들이 자신의 감정을 상품화함으로써 시간과 에너지만이 아니라 인격조차 판매하도록 하는 가장 효과적인 심리 장치다. 미국 사회학자 앨리 러셀 혹실드^{Arlie Russell Hochschild}가《감정노동》에서 이와 관련해 내용을 전달한다.

> "개인의 삶에서 맺어지는 관계 중에는 권력과 권위가 불평등하게 배분되는 경우가 있기 때문에, 감정관리도 불평등할 수 있다. 무수한 감정관리 행위가 모여 관계 또는 배역 개념을 구성한다. … 회사는 노동자들에게 고객의 기대가 꺾이는 일이 없게 대처하도록 강요한다. … 감정노동은 이제 사적 행위가 아니라 공적 행위로서, 다른 사람에게 판매된다. 감정노동의 지시자는 노동자를 선발하고 훈련시키며 감독하는 무대 관리자다."

기업과 업주는 고객의 기대에 맞춰 심기까지 고려하도록 직원에게 요구한다. 노동과 기술뿐만 아니라 인성에 속하는 감정도 판매해야 한다. 대량소비와 최대 이윤 확보라는 시장의 논리에 지배되어 직원 감정까지도 판매해야 할 상품으로 간주한다. 상품을 전시하고, 관련 정보를 제공하고, 구매가 이뤄질 때 계산하는 행위만으로 그치지 않는다. 고객이 심리적으로도 만족을 느끼도록 왕처럼 모시며 친절과 봉사를 제공해야 한다.

일방적으로 고객 만족에 맞춘다는 점에서 감정을 둘러싼 권력과 권위가 불평등하게 배분된다. 문제는 감정 판매가 직원의 자발성에 의한 것이 아니라는 점이다. 미소를 지을 감정 상태가 아닐 때조차 억지로 연기를 해서라도 고객을 만족시키도록 훈련받는다. 회사는 고객 기대에 맞춰 감정을 사용하도록 훈련시키고 감독한다. 만약 이에 따르지 않으면 일자리를 잃을 각오 해야 한다. 감정이 사적 영역을 넘어서 공적 통제 대상이 되어버린다.

혹실드가 예로 든 항공사 광고는 감정노동이 어떻게 관리되는지를 잘 보여준다. 모든 승무원이 고객의 어떤 요구든 들을 준비가 되어 있다는 식으로 홍보한다. 미국의 콘티넨털 항공은 "우리는 당신의 모든 소원이 이뤄지도록 치맛자락을 휘날립니다"라고 한다. 내셔널 항공은 "저를 날라주세요, 기분이 좋아질 거예요"라고 한다.

승무원은 고객과 회사가 기대하는 역할을 수행하기 위해 특정한 표정과 육체적 표현을 만들도록 감정을 관리해야 한다. 심지어 치맛자락을 휘날린다거나 저를 날라주라는 문구를 통해 여성 승무원의 미소에 성적인 의미가 더해진다. 승무원들에게 끊임없이 승객을 돕고 승객 요구에 귀 기울이는 업무 이상의 서비스를 해야 할 것만 같은 부담을 준다. 승객들의 성적 환상까지 대응해야 한다.

광고로 그치지 않는다. 직원 선발 과정에서 감정을 관리하도록 강제된다. 지원자는 면접 전에 회사 요구에 맞춰야 고용된다는 점을 알 수밖에 없다. 취업 이후에도 일자리 유지나 승진을 위해 감정노동에 충실히 따라야 한다는 점을 잘 안다. 이로 인해 서비스 분야의 노동자는 고객과 관리자 같은 수요자를 위해 자아를 희생당하며, 이는 당연시된다.

> "감정 체계가 상업적인 환경 속으로 끼어 들어가면 감정 체계는 변형된다. 감정 관리를 위한 행위와 그런 행위를 다스리는 법칙, 베풂의 교환 저변으로 이익의 동기가 들어선다. 누가 이익을 보고, 누가 비용을 감당하는가? ⋯ 회사가 노동자의 진정한 자아를 더 많이 판매하려고 내놓을수록, 노동자의 자아는 거짓으로 보일 위험이 더 커지고, 노동자로서는 자아 중 어디까지가 자신의 것인지 알기가 점점 더 힘들어진다."

노동자들은 고객과 회사가 요구하는 감정을 기계적으로 되풀이하기 때문에 마치 로봇이 되어간다고 느낀다. 온전히 자신에게 속해야 할 감정이 타인에게 무차별적으로 제공되는 서비스 영역으로 자리를 옮겨 가공되고 표준화되며, 위계적 통제의 대상이 된다. 감정노동이 일상화될수록 자아가 분열되는 현상이 심화된다. 자기 감정에 충실한 '편안한 나'와 타인의 심기에 맞춰 감정을 판매해야 하는 '신경이 곤두선 나'로 분리되어 살아가야 한다.

자아 분열은 상호 불신과 자기 소외를 초래한다. 고객에게 언제나 미소를 짓고 친절한 행위를 하는 직원의 모습이 판매를 위해 조작된 것이라는 점을 고객이 모를 리가 없다. 대부분 고객은 회사에서 관리자에 의해 감정노동을 강요딩하는 한편, 직장 밖으로 나가는 순간 감정노동을 강요하는 고객이 된다. 서로가 상업적 가면을 쓴 존재라는 점을 뻔히 알기에 상호 불신으로 향한다. 진정한 자기 감정을 잃기에 자기 소외에 빠진다.

감정노동이 만들어내는 상호 불신과 자기 소외는 필연적으로 극심한 스트레스를 동반한다. 자신의 감정을 부정하면서 다른 사람의 욕구에 우선 부응해야 하는 상황이 반복되면서 정신적, 육체적 스트레스에 시달린다. 한국인을 대상으로 한 여러 설문조사에서 감정노동에 종사하는 사람들 중 50퍼센트 이상이 심리적 치유가 필요하다고 답했다. 특히 서비스업종 판매원의 절대다수를 차지하는 여성 노동자의 경우 60퍼센트 이상이 스스로 심리적 치유가 필요하다고 생각했다.

감정노동자를 보호해 정신적, 육체적 피해를 줄이려면 무엇보다도 먼저 법적, 제도적 장치가 마련되어야 한다. 한국에서도 2018년부터 감정노동자 보호법이 시행되고 있다. 고객에게 폭언 등을 자제하라는 요청 문구를 게시하거나 대처 방법 등을 포함한 고객응대업무 매뉴얼 마련 등의 조치를 하도록 한다. 감정노동의 스트레스로 인한 건강장애가 생길 경우 사업주는 휴식과 치료 그리고 상담을 지원해야 한다.

하지만 위반하는 사업주에게 과태료를 부과하는 법적 조치로 소비 과정에서의 갑질과 감정노동으로 인한 피해를 줄이는 데는 한계가 분명히 있다. 한국 사회에서 마치 상식처럼 통용되는, '손님은 왕이다'는 왜곡된 사고방식이 바뀌지 않는 한 문제 해결은 높은 벽에 가로막힌다. 한국 사회 어디에도 왕은 없다. 그리고 손님은 그저 손님일 뿐이다.

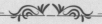

chapter
11

/

그놈이
그놈이다

오노레 도미에, 〈의회의 배〉, 1834년

◇

모든 정치인은 썩었다?

풍자화로 유명한 프랑스 화가 오노레 도미에Honoré Daumier(1808~1879)의 〈의회의 배〉는 정치인의 탐욕과 부패를 상징적으로 보여준다. 의석에 각료와 의원들이 빙 둘러앉아 있다. 회의 중간 쉬는 시간에 옆의 정치인들과 이러저러한 이야기를 나누는 중이다. 특정한 안건을 놓고 주제를 하나로 모아서 의논하는 분위기는 아니다. 옆 의원들과 속닥거리는 사람이 많아서, 잡담에 가까운 내용으로 웅성대는 느낌이다.

그림 속 정치인들의 특징이 캐리커처처럼 잘 드러난다. 당시 프랑스 정치인들을 직접 관찰해 각각의 모습이 살아나도록 그리지 않았나 싶다. 다양한 표정과 몸짓이지만 공통적 이미지가 있다. 대부분 근엄하고 찌푸린 표정이다. 몇 명의 예외가 있지만 대화하는 중에도 굳은 표정이 풀어지지 않는다. 사회 구성원의 공복으로서 공손한 자세와는 거리가 멀다. 일반 사람들 위에 군림하는 듯한 고압적이고 거만한 분위기를 풍긴다.

이 그림을 실은 신문《라 트리뷴La Tribune》이 '타락한 각료석의 풍경'이라고 부제를 단 후에 "우리가 얼마나 이 매음굴에 속아왔고 조롱당해 왔는지!"라는 설명을 덧붙인다. 이에 분노한 의회가 신문사를 상대로 고소해 승소했지만 사람들 사이에는 정치인의 타락을 고발하는 그림으로 널리 회자되었다.

이 그림을 보고 있으면 한국 사회에서 정치인들을 지칭할 때 상식처럼 통하는 말이 떠오른다. "그놈이 그놈이다." 티브이와 신문에서 정치 관련 기사를 접하거나, 친구들과의 술자리에서 정치가 대화 소재로 떠오르면 몇몇 사람의 입에서 꼭 튀어나오는 말이다. 특히 총리나 장관 후보 청문회가 열리면 사실이든 거짓이든 온갖 의혹이 줄을 잇는다.

청문회에서 의혹을 늘어놓는 의원들도 구린내를 풍기거나 답답하기는 마찬가지다. 평소에 특권 의식과 부패 등으로 여론의 도마 위에 올랐던 경우가 다반사다. 혹은 의혹을 풀기에는 턱없이 부족한 실력으로 자기 밑바닥을 드러내곤 한다. 국민의 뜻을 대신하기는커녕 개인이나 자기 정치 세력의 이해를 대변하는 데 정신이 팔려 있던 경우가 대부분이다.

특히 대통령과 국회의원의 선거철이 다가오면 하루에도 여러 번 든는다. 선거하면 뭐 하느냐, 이놈이나 저놈이나 다 똑같아서 변할 게 하나도 없다는 실망스러운 반응이다. 썩을 대로 썩어서 희망이 없다는 식이다. 이쯤 되면 냉소적인 표정으로 한마디 툭 던지는 사람이 나온다. "투표하면 뭐하나. 난 투표 안 하련다."

정치인 개인에 대한 불신을 넘어, 정당에 대한 불신으로 이어진다.

사람들은 모두 그놈이 똑같은 그놈인 이상 어떤 당을 뽑든 마찬가지라고 생각한다. 수많은 정당이 선거철만 되면 '참신한' 신인을 통해 새로운 피를 수혈하고 또는 분당과 합당을 통해 이름을 바꾸고, 신생 정당이 생겼다 없어지는 과정을 겪어왔지만 별반 다를 바 없었다는 경험을 내세운다.

나아가서는 정치 자체에 대한 혐오가 치솟는다. 애초에 가진 자들의 놀음일 뿐이므로 대다수 국민은 정치를 통해 빼앗기거나 억압을 당하는 결과만 되풀이된다는 생각이다. 역사에서 항상 이 꼬락서니였으니, 정치에 기대를 거는 것은 순진하거나 미련한 사고방식이 되어버린다. 정치에 관심을 갖지 말고 자기 일에나 신경 쓰라는 충고가 뒤따른다.

한국 사회에서는 꽤 오래된 사고방식이다. 예를 들어 1956년에 실시된 정부통령 선거에서는 아예 정치권에서 정치인이나 정당이 바뀌어봐야 달라질 게 없다는 주장이 공공연하게 제기되었다. 당시 집권당인 자유당 소속 이승만 대통령이 부통령으로서 자격 미달로 여겨지던 측근 이기붕을 러닝메이트로 함께 선거에 나섰다. 제1 야당 민주당은 신익희를 대통령 후보로, 혁신계인 진보당은 조봉암을 대통령 후보로 내세우며 큰바람을 불러일으켰다.

민주당은 "못 살겠다, 갈아보자!"라는 대선 구호를 내걸었다. 그동안 자유당의 부정부패와 억압적 통치에 신물이 나 있던 많은 사람에게 먹혀드는 분위기였다. 자유당은 이에 맞서 "갈아봤자 별수 없다!"

라는 구호로 대응했다. 자유당과 소속 정치인들 스스로 그놈이 그놈이라는 생각을 퍼뜨리는 데 앞장선 것이다. 현실 정치가 이러나저러나 마찬가지니 그저 '구관이 명관이다'는 옛말처럼 기존 여당에 투표하라는 말이다.

정치인과 정당 이상으로 '그놈이 그놈이다'는 사고방식을 퍼뜨리는 데 일등 공신 역할을 한 곳이 언론이다. 특히 보수정당의 이해를 편파적으로 대변하는 식이었다. 예를 들어 과거 군사정권 시절에는 여당의 날치기 법안 통과가 일상사였다. 별다른 저항 방법이 없던 야당 의원들은 날치기를 막으려고 몸싸움을 벌이곤 했다. 티브이나 주요 신문들은 거의 예외 없이 다툼이 일어난 원인보다는 날치기와 몸싸움 행태만을 집중적으로 부각했다. 그럼으로써 여당이든 야당이든 정치인은 모두 나쁘다는 이미지를 유포했다.

군사정권 시절만의 현상은 아니다. 민주화를 통해 형식적인 민주주의가 자리 잡고, 언론 자유가 대폭 확대된 이후에도 별반 차이가 없다. 내용으로 볼 때 한쪽이 다수 국민의 이해에 반하는 정책을 펴거나 행동을 보여서 분쟁이 일어나도 비난의 칼날이 양쪽 모두를 향한다. 여당이든 야당이든 두 세력을 모두 싸잡아 비난하는 일이 흔하다. 균형 있는 보도라는 핑계를 대지만, 실질적으로는 '기계적' 균형 자세를 취함으로써 모두 나쁜 놈에 불과하다는 생각을 하게 한다.

◇

정치 불신이 만드는 정치적 무관심

도미에의 또 다른 작품 〈7월의 영웅〉은 왜 〈의회의 배〉를 통해 정치
인들을 비판하게 되었는지에 대한 단서를 제공한다. '7월'은 프랑스
에서 1830년 7월에 벌어진 혁명을 의미한다. 샤를 10세 통치 시기에
프랑스인들은 빈곤과 폭정의 나날을 견디며 살았다. 왕권을 더욱 강
화하기 위해 투표권을 대폭 축소하는 선거법 개악을 계기로 국민 저
항이 일어났다.

파리 시내 도처에 바리케이드가 설치되고 혁명이 시작되었다. 프
랑스대혁명이 목표로 삼았던 자유, 평등, 박애를 다시 내걸고 무장봉
기가 일어났다. 무장한 공화파 민중과 국왕 군대 사이에 격돌이 벌어
졌다. 공화국이 수립되어 특권이 사라질지 모른다는 위기의식에 사
로잡힌 온건 자유주의 세력은 긴급하게 타협책을 모색했다. 임시정
부를 조직해 샤를의 먼 친척 루이 필리프를 국민 앞에 대안으로 내놓
았다.

파리 시민들은 필리프를 왕으로 받아들였다. 선거에 의해 선출되
었기에 형식적인 정당성을 지녔다. 필리프는 통치 세력에 의해 '시민
왕', '평등왕'으로 포장되었다. 국민은 새로운 왕정에 기대를 걸었다.
하지만 보수적, 억압적 경향이 유지되었으며 민중의 처지는 전과 다
를 바 없었다. 여전히 극심한 빈곤에 시달리고 정치적으로 억압된 상

─

195

세상을 왜곡시키는 말

오노레 도미에, 〈7월의 영웅〉, 1831년

황에서 신음해야 했다.

도미에는 7월 혁명에서 무장봉기에 앞장섰던 인물을 그린다. 혁명이 일어나고 일 년 남짓한 기간이 지난 후의 작품 〈7월의 영웅〉이다. 한쪽 다리가 불구인 인물이 다리 난간 위에 서 있다. 아마 국왕 군대와의 무장 격돌에서 생긴 '영광의 상처'이리라. 오른쪽에는 의사당 건물이 있고 꼭대기에는 프랑스대혁명을 상징하는 삼색기가 펄럭인다.

자세히 보면 무거운 돌에 연결된 밧줄을 목에 거는 중이다. 돌에는 "최후의 수단"이라는 글이 새겨져 있다. 강물에 떨어져 자살하기 직전이다. 왜 자살하려는 걸까? 이 사람이 걸친 옷이 이유를 설명해 준다. 옷에 전당포 선전지가 덕지덕지 붙어 있다. 여러 장이 붙어 있는 것으로 봐서 십중팔구 가재도구까지 몽땅 전당포에 맡기고 겨우 생명을 유지했으리라. 최후의 수단으로 자살을 선택하는 순간이다.

의사당 건물에 삼색기가 펄럭이지만 허상에 불과하고 혁명은 배반당했다. 통치 세력은 합법적인 선거로 정당성을 획득하고, '시민왕' 이미지로 필리프를 내세웠지만 국민을 속여 권력을 유지했을 뿐이다. 특권 세력의 이익만을 반영하는 정책과 행태는 여전했다. 노동자와 농민에게는 기본적인 참정권도 없었고, 경제적으로도 비참한 상황을 벗어날 수 없었다.

〈의회의 배〉에서 각료와 의원들은 필리프 체제 아래에서의 정치인들이다. 도미에는 공화파를 지지했고, 22세 나이로 7월 혁명에 참가해 이마에 상처를 입기도 했다. 다리 위의 '영웅'은 혁명에 배반당하고 절망적인 상태에 있던 자신의 참담한 심정을 반영한 것이기도 하다. 도미에와 파리 시민들에게는 혁명이라는 거대한 정치적 사건이 있었지만, 현실의 정치는 혁명 이전과 이후가 하등 다를 게 없었다.

그의 경험으로 볼 때 정치인들은 누가 되었든 타락한 인간이라는 점에서 그놈이 그놈일 뿐이었는지도 모른다. 더 이상 속고 조롱당하지 않기 위해서는 의회에서 배지를 단 정치인도, 또한 그들이 속한 정당도 믿지 말아야 한다는 생각이 강했으리라. 희망은 정치인과 정당이 아니라 무기를 들고 싸웠던 거리의 공화파 민중에게 있다고 여겼음 직하다. 〈의회의 배〉는 이러한 심정이 고스란히 담긴 그림으로 보인다.

기존 정치인과 정당에 대한 불신이 특정한 역사적 상황에서 특정한 정치 세력에 대한 태도일 때는 문제가 될 게 없다. 문제는 모든 정치인과 정당, 더 나아가 정치 자체에 대한 불신으로 향할 때 정치적 억압과 경제적 빈곤을 더 악화시키는 역할을 한다는 점이다. 대체로 현실에서 '그놈이 그놈이다'는 태도가 '양비론'으로 나타난다.

양비론은 대립되는 양쪽 의견과 세력 모두가 잘못이라고 싸잡아 비판하는 태도다. 두 정치 세력이 억압과 부패의 온상이어서 제삼의 정치 세력을 옹호하기 위한 비판이라면 정당하다. 하지만 일반적으로 그놈이 그놈이라는 양비론은 모든 정치 세력을 대상으로 한다. 모두를 비판함으로써 억압과 빈곤의 원인이 어디에 있는지를 가려버린다. 잘못의 원인을 은폐함으로써 사람들이 주목해야 하는 방향을 잃게 하고 저항과 변화의 의지를 꺾어버린다. 그 결과 문제를 일으킨 핵심 세력을 실질적으로 옹호하는 역할을 한다.

더욱 심각한 문제는 정치에 대한 불신을 퍼뜨림으로써 집단적으로 정치적 무관심에 빠지도록 한다. 특정한 정치인과 정당을 넘어 정치 자체가 본질적으로 부패할 수밖에 없다고 생각할 때, 사람들은 정치에서 고개를 돌려버린다. 사회 구성원이 정치적 무관심에 빠지면 독재를 비롯한 권위주의 통치, 부패한 정치가 활개를 치기 가장 좋은 조건이 만들어진다. 정치를 외면함으로써 국민의 권력인 감시와 사회 비판과 저항이 약해지기에 무슨 짓을 해도 통치 세력의 지위와 이익이 유지된다.

그래서 차악이라도 선택해 최악을 피해야 한다는 주장이 등장한다. 민중 신학자로서 한국의 오랜 군사정권 시절 민주화운동에 헌신했던 고 함석헌 선생이 한 다음의 말도 비슷한 맥락이다. "정치란 덜 나쁜 놈을 골라 뽑는 과정이다. 그놈이 그놈이라고 투표를 포기한다면 제일 나쁜 놈들이 다 해 먹는다."

그놈이 그놈이라 세상은 어차피 과거나 지금, 그리고 미래에도 변할 게 없다는 사고방식이야말로 나쁜 놈들의 전성시대를 만드는 지름길이다. 사회 구성원 다수가 억압과 부패에 침묵하기 때문이다. 아무리 현실이 고통스러워도 세상이 강요하는 삶을 그냥 그대로 살아가는 한, 가장 나쁜 놈들이 정치를 독점하고 다수를 억누른다. 사람들은 자포자기 심정에 빠지고, 사회에 변화는 찾아오지 않는다.

◇

정치가 희망이다
- 박상훈 《정당의 발견》

본래 모든 정치인은 다 탐욕과 부패에 물들 수밖에 없는가? 곰곰이
생각하면 세계에서 존경받는 정치인이 의외로 꽤 있음을 발견할 것
이다. 전 미국 대통령 에이브러햄 링컨도 그중 한 사람이다.

　미국 화가 토머스 내스트^{Thomas Nast}(1840~1902)의 〈1865년에 리치
먼드로 들어서는 링컨〉은 그를 둘러싼 주요 장면을 보여준다. 링컨이
특유의 턱수염을 하고 정장 차림으로 중앙에 있다. 주변으로 수많은
흑인이 몰려들어 환영하는 분위기다. 리치먼드는 노예제도를 고집하
며 남북전쟁을 일으킨 남부 연합국의 수도였다. 노예해방을 추진한
링컨이 승리 후에 방문해 흑인들의 열렬한 환영을 받는 장면이다.

　미국의 흑인 해방과 남북전쟁은 몇 가지 요인이 있다. 먼저 사회경
제 체제가 남부의 농업 중심에서 북부의 공업 중심으로 변화된 점이
크게 작용했다. 농업이 노예노동을 전제로 했다면, 공업은 노예에서
해방된 자유로운 노동자가 대규모로 필요했다. 또한 확대되던 흑인
저항이 사회 불안 원인이었기에 발전적 전망을 위해 어떡하든 해결
해야 할 문제였다.

　링컨이 아니었어도 장기적으로 노예제도는 폐지 방향으로 갈 수
밖에 없었다. 하지만 링컨과 정당의 적극적인 역할로 더 빠르고 체계

———

토머스 내스트, 〈1865년에 리치먼드로 들어서는 링컨〉, 1866년

세상을 왜곡시키는 말

적인 변화가 가능했다는 점이 중요하다. 사회 변화에서 정치의 역할, 더 구체적으로는 정치인과 정당의 역할은 상당히 크다. 링컨은 이 과정에서 매우 중요한 역할을 했다.

1860년 대통령 선거에서 링컨이 북부 주민 90퍼센트 이상의 압도적 지지로 당선되자 남부는 반란을 일으킨다. 전쟁은 1865년까지 벌어졌고, 사망자만 61만 명에 이르렀다. 1963년 북군은 운명을 가를 게티즈버그 전투에서 대승을 거둔다. 링컨은 전사자를 위한 추모 행사에서 유명한 게티즈버그 연설을 한다. "새로운 나라는 새로운 자유의 탄생을 보게 될 것이며 국민의, 국민에 의한, 국민을 위한 정부는 이 지구상에서 결코 사라지지 않을 것입니다."

1865년에 남부 연합국 수도 리치먼드를 탈환한 후, 링컨은 내스트의 그림처럼 곧바로 방문한다. 흑인들의 전폭적 지지를 받았음을 두말할 나위가 없다. 이 자리에서 링컨은 "우리 연방군은 리치먼드를 점령하기 위해 싸운 것이 아니라 리치먼드와 아메리카의 자유를 위해 싸운 것입니다"라고 한다.

만약 당시 링컨이 노예제도 지지 세력의 압박에 굴복했다면 어떤 일이 벌어졌을까? 미국 역사는 다른 방향으로 향했을 가능성이 크다. 노예제도에 기초한 농업이 수십 년 이상 더 유지되고, 공업 발전은 훨씬 더뎠을 것이다. 자본주의 격변 속에서 미국이 세계적 공업국으로 발돋움하는 데 결정적인 걸림돌이 되었으리라. 자유와 민주주의도 낙후된 수준에 머물렀을 것이다. 하지만 단호하게 노예제도 폐지 방향으로 나아간 링컨의 정치적 선택과 행동이 현재 미국의 사회경제적 기초를 만드는 데 크게 기여했다.

링컨의 노예제도 폐지 정책은 정치인과 정치가 왜 중요한지를 상징적으로 보여준다. 단지 미국의 당시 특수한 상황 때문에 생긴 현상이 아니다. 정치를 통해 사회가 발전하고, 사회적 약자를 비롯한 개인의 지위가 향상되어 왔음을 인류 역사가 보여준다. 이와 관련해 한국 정치학자 박상훈이《정당의 발견》에서 설명한 내용은 매우 유익하다.

"민주주의가 발전할수록 공공정책의 도움 없이 가난한 시민을 보호하기는 점점 힘들어졌다. 어떤 시민 집단도 공공정책의 변화를 통하지 않고는 자신의 삶을 보호하기 어렵다. 어떤 사회운동이든 점차 공공정책이 효과적 통제자인 정당과 정부를 통해 정책적, 입법적 요구를 전달하는 방향으로의 변화는 거의 필연적이다. … 정치를 통해 공적 규범과 공익의 내용이 형성되는 과정 없이 민주주의는 없다. … 정당이 사회 속에 깊고 넓게 뿌리 내릴수록 국가권력은 지배나 강제의 특징보다 공적 기능 측면을 더 많이 갖게 된다."

우리는 흔히 정치인과 정당이 사회적 약자의 이해를 대변하기는 커녕 반대로 강자 편이라고 생각한다. 대부분 정치인이 서민이기보다는 경제적으로 여유가 있는 사람이고, 정치 과정에서 중요한 역할을 하는 정책 전문가나 입법 전문가 역시 교육받은 중산층 출신인 경우가 많은 것도 이러한 생각을 강화한다.

하지만 통념과 달리 박상훈은 오히려 정당과 정치를 통한 공공정책의 도움 없이 사회적 약자의 보호가 더 어렵다고 한다. 한국 사회에서 쉽게 접하는 사례 몇 가지만 떠올려도 어렵지 않게 이해된다. 빈곤층과 노년층과 같은 사회적 취약 계층의 처지 개선에 최저임금제도라든가 기초노령연금제도 등 공공정책을 통한 제도화가 적지 않게 기여했다. 도입과 실시 과정에서 정치적 논의와 타협이 함께 이뤄졌음은 당연하다.

한국 사회가 지향해야 할 바람직한 사회 모델에 대해 묻는 설문조사에서 매번 1위를 차지하는 스웨덴의 경우가 좋은 사례다. 흔히 복지 국가라고 할 때 가장 먼저 언급되는 나라다. 국민 행복도, 정치인 청렴도, 정치 안정, 복지 수준, 양성평등, 노동 참여율에서 세계 최고 수준을 기록하면서 늘 살고 싶은 나라 상위권을 차지한다.

하지만 스웨덴이 원래 삶의 질이 높았던 나라는 아니다. 1930년대까지만 해도 유럽에서 가장 가난한 나라였다. 자연환경은 척박했고 출생률은 낮아 인구가 줄어만 갔다. 사회적으로 극심한 빈부격차에 시달렸으며 노사 대립이 치열했다. 정치적으로도 진보와 보수 정당 사이의 정권 쟁탈을 둘러싼 다툼으로 의회는 늘 싸움터였다. 미국이나 서유럽으로의 이민을 선택하는 사람이 많아서 '살기 싫은 나라'에 가까웠다.

그런데 어떻게 전 세계인이 부러워하는 나라가 되었을까? 정치 지도자들과 정당, 그리고 국민의 교감 속에서 이뤄진 합의가 주요 동력이 되었다. 스웨덴의 복지 모델은 정치를 매개로 한 국민 합의에 따라 형성된, 세금을 많이 내더라도 복지를 통해 돌려받을 수 있다는 믿음에 기초한다. 진보정당인 사회민주당이 보수정당과 타협하고, 나아가 노사 대타협 협상을 통해 안정적인 복지 정책을 위한 사회 기반을 마련했다.

그 결과 스웨덴에서 가장 존경하는 사람을 묻는 설문조사에서 정치인이 상위 10위 안에 가장 많이 들어간다. 1960년대부터 1980년대에 이르기까지 오랜 기간 사회민주당 의원과 총리를 역임한 올로프 팔메가 항상 몇 손가락 안에 꼽힌다. 팔메는 "사회의 약자들을 보호하는 가장 좋은 방법은 그들에게 특별 지원을 해주는 것이 아니다. 그들이 모든 사회 구성원이 받는 혜택에 포함되도록 하는 것이다"라며 보편적 복지의 확대에 심혈을 기울였다.

또한 정치와 제도의 역할에 대해서도 각별히 강조했다. 1984년 하버드대학교 연설에서 "사회와 제도는 지금 이곳에 있는 사람들을 위한 것이다. 이들이 각자 삶의 작은 목표를 성취해 가며 일상을 살도록 돕는 것이다"라고 했다. 정당과 정치를 통한 공공정책과 제도가 사회 구성원의 삶을 보호하는 가장 중요한 통로라는 믿음이다.

그럼에도 불구하고 한국 사회에서는 왜 정치인과 정당이 사회적 강자 편이라는 생각이 자리 잡았을까? 서민층을 비롯한 약자를 배제하고, 중산층과 부유층의 이익을 주로 대표하는 통로가 되었을까? 박상훈은 조직으로서 정당보다 이미지 자산을 많이 가진 엘리트 후보에 의존하는 정치가 된 것에 문제가 있다고 한다. 정당과 정치의 과잉이 아니라 반대로 부족 때문에 생기는 문제다.

정당 중심의 정치가 아니라 대권 후보나 계파 보스처럼 극소수 정치인에 의해 정치가 좌우되면서 서민층에서 멀어진다. 본래 정당 정치는 당원과 지지자의 참여에 의존한다. 유권자 가운데 다수를 차지하는 서민들이 당원과 지지자로 참여할 때 정치인은 그들의 이해를 대변하는 경향이 생긴다. 하지만 대중과 분리된 정당, 여론 동원 정치에 빠져든 정당은 중산층과 부유층으로 시선이 간다. 여론은 일반적으로 언론에 의해 만들어지고 유도되는데, 신문과 티브이 등 이른바 주류 언론은 중산층과 부유층에 친근성을 갖기 마련이다. 광고비에 주요 수입을 의존하는 기성 언론의 본질적 속성상 기업과 소비 능력이 있는 중산층의 선호에 주목하기 때문이다.

한국의 국가권력이 권위주의 경향이 강한 것도 취약한 정당정치, 국민의 정치적 무관심과 깊이 연관된다. "정당정치가 약해지면 필연적으로 사회적 강자 집단들은 발언권이 강해진다." 일반 국민이 정당에 적극적으로 참여할수록, 즉 정당이 사회 속에 깊고 넓게 뿌리 내릴수록 국가권력은 지배나 강제의 특징보다 공적 기능의 측면을 더 많이 갖는다. 국가권력을 효과적으로 감시하고 견제하는 장치가 의회이고 정당이기 때문이다. 어느 나라 정당보다 강한 힘을 가진 스웨덴 사회민주당이 공권력을 이용한 권위주의 통치보다는 공익에 봉사하는 기능집단 성격이 강한 이유기도 하다.

　좋은 정치는 저절로 만들어지지 않는다. 좋은 정치의 가장 큰 적은 바로 정치적 무관심이다. 한국 현대사에서 정치 불신과 정치적 무관심을 조장해 온 세력이 권위주의 통치 세력과 부유층의 이해를 주로 대변하는 정당이었음을 잊지 말아야 한다. '그놈이 그놈이다'는 통념을 퍼뜨려 국민이 정치에서 멀어지게 함으로써, 권위주의적 정치 행태와 사회적 약자의 배제를 더욱 용이하게 했다. 정치가 희망이다. 희망은 사회적 약자 보호와 공익 증진에 더 힘을 쓰는 정치인과 정당에 대한 적극적인 관심과 참여에 의해 만들어진다.

세상을 왜곡시키는 말

chapter
12

/

여성은
모성애가 있다

해럴드 라비노비츠, 〈저녁〉, 1936년

◇

여성만의 신비한 본능?

미국 화가 해럴드 라비노비츠^{Harold Rabinovitz}(1915~1944)의 〈저녁〉은 우리에게 너무나 익숙한 장면을 보여준다. 아기를 안고 있는 어머니의 모습이 캔버스를 가득 채운다. 혹시라도 아기 몸이 기울어지기라도 할까 봐 두 손으로 안고 있다. 한 손으로는 엉덩이를 받치고 다른 손으로는 등을 잡아서 안전해 보인다. 시선도 아기에게서 잠시도 떼지 않는다. 아기는 한 손으로 어머니의 목을 잡고 의지한다.

아기의 시선이 향하는 곳으로 집을 향해 걸어오는 남편이 보인다. 제목을 고려할 때 남편은 하루 일을 마치고 저녁이 되어 퇴근하는 중이다. 작업복 차림을 봐서 생산직 노동에 종사하는 게 아닐까 싶다. 한 손에 든 가방에는 작업 도구들이 들어 있을 듯하다. 어머니가 아기에게 바깥에서 일하다 퇴근하는 아버지의 모습을 보여주는 장면이다.

어머니는 집 안에서 온종일 아기를 돌보고 있었으리라. 아기를 키우는 대부분 전업주부가 그러하듯이 말이다. 새벽 일찍 일어나 졸린 눈을 비비며 출근하는 남편을 위해 아침 식사를 준비한다. 남편이 집을 나간 후에는 설거지와 집 안 청소가 이어진다. 무엇보다도 육아에 정신이 팔린다. 아기가 깨면 몇 차례 모유 수유를 하거나 이유식을 만들어준다. 또한 기저귀를 갈아주고 목욕을 시킨다. 아기가 깨어 있는 동안 놀아주고, 울면 얼러주는 일도 매일 되풀이한다.

이 그림을 보면서, 또는 어머니가 아이와 보내는 모습을 떠올릴 때 우리 머리에 선명하게 박히는 단어가 '모성애'다. 어려서부터 거의 모든 사람이 "여성은 모성애가 있다"라는 말을 수도 없이 들었다. 자신의 경험까지 덧붙이며 변치 않는 진리처럼 생각한다. 성장 과정에서 겪은 어머니와의 더없이 친밀한 경험, 혹은 여성이라면 결혼해 출산 후 육아 과정에서 아이에게 가졌던 특별한 감정을 떠올린다.

국어사전에 의하면 모성애는 "자식에 대한 어머니의 본능적인 사랑"이다. 부모가 아기를 사랑하는 게 너무나 당연하지 않으냐고 할지 모르겠다. 가족 구성원에 대한 애정, 특히 아직 발달이 미약해 스스로 독립적인 삶이 어려운 아이에게 보호 감정이 부모에게 생기는 것은 지극히 자연스럽다. 돌봄을 통해 아이를 보호하고, 성장 과정에서 조금이라도 문제가 생기지 않도록 염려하고, 아주 친밀하게 육체적이고 심리적인 접촉을 유지한다. 그 연장선에서 모든 여성이 모성애가 있다는 말에 그 누구도 이견을 갖지 못한다는 주장이다.

하지만 모성애는 자식에 대한 부모의 일반적인 사랑과는 전혀 다른 개념이다. 여성만이 가진, 남성에게는 없는 고유한 감정이다. 모든 여성이 태어날 때부터 갖는 본래 성향이다. 그러한 의미에서 출산을 하고 육아에 전념하는 여성에게만 일시적으로 나타나는 감정이 아니다. 평소에 늘 본능 속에 있다가, 나중에 아이를 가지면 실질적이고 구체적인 행동으로 드러난다.

자식을 위하는 마음이 남성과는 비교할 수 없을 정도로 강하다고 여긴다. 아이를 위해서라면 자신의 모든 것을 희생할 준비가 되었음을 뜻한다. 어떠한 곤란과 고난이 닥치더라도 자식을 보호하고 위하는 마음이 일차적이다. 워낙 강한 애정이기에 본래 자신이 갖고 있던 능력을 넘어서는 힘을 발휘한다. 그렇기 때문에 예로부터 모성애를 논리적으로 설명할 수 없는 '신비스러운 본성'으로 여겼고, "여자는 약하나 어머니는 강하다"라는 말이 자연스럽게 받아들여졌다.

또한 본성이기 때문에 외적 요인에 대해 독립적인 성격을 갖는다. 인간의 판단과 행동은 대부분 이익과 손해처럼 특정한 동기에 영향을 받는 경우가 많다. 하지만 모성애가 본성으로 받아들여지는 순간 특정한 이해관계와는 무관한, 맹목적인 성격으로 이해된다. 나아가 생리적인 특성과 마찬가지로 사회적 조건이나 역사적 변화와 무관하다. 인류가 지구상에 출현한 이래 원시공동체 사회든 이후의 문명사회든, 신분제 아래든, 민주제도에 의해 운영되는 현대사회든 기본적으로 모성애는 모든 여성의 사고방식과 행동에서 지워질 수 없는 특별한 지위를 차지한다.

그만큼 여성을 여성이게 하는, 가장 결정적이고 권위적인 요소로 여겨진다. 본성이기 때문에 만약 모성애로 규정되는 바와 다른 태도와 행위를 보일 경우 여성으로서의 가장 일차적 속성을 거스르는 사람으로 간주된다. 인간으로서의 기본 자질을 상실한 비정상적이고 악한 존재가 되어버린다.

◇

모성애가 여성에게 강제하는 것

모성애를 여성의 본성으로 규정하는 순간 여러 요구가 뒤따른다. 여성에게 강제되는 다양한 의무가 사회 규범으로 자리 잡는다. 먼저 여성이라면 당연히 일정한 나이가 되었을 때 아이를 낳아야 한다는 사고방식이 요구된다. 결혼하지 않거나 결혼하더라도 아이를 갖지 않으려고 하면 본성을 거스르는 여성이 된다. 설사 신체적 이유이더라도 마찬가지다. 불임은 여성으로서 불완전한 존재를 의미한다.

무엇보다도 모성애를 통해 여성에게 강요되는 특별한 의무는 육아다. 임신과 출산은 오직 여성만이 가능하다는 점에서 아이를 갖기로 하는 이상, 적어도 신체적으로는 여성의 몫일 수밖에 없다. 그런데 모성애를 본성으로 여기는 관점에 의하면, 출산 이후 육아 과정도 여성이 전적으로 책임져야 할 영역이다.

화가 오노레 도미에의 〈가정과 아이를 소홀히 하는 여류 작가〉는 육아와 관련된 상황을 묘사한다. 의자에 앉아 일에 몰두하는 여성은 작가다. 책상에는 책 여러 권이 가지런히 놓여 있다. 원고지를 펼쳐놓고 펜으로 한 자씩 써 내려가는 중이다. 무언가 영감이 떠오른 듯 잔

오노레 도미에, 〈가정과 아이를 소홀히 하는 여류 작가〉, 1844년

세상을 왜곡시키는 말

뜩 고개를 숙여 몰입하는 분위기다.

집 안은 말 그대로 난장판이다. 의자 하나는 넘어져 있고, 온갖 잡동사니가 방바닥에 나뒹군다. 일하느라 여념이 없는 사이에 아이가 손에 잡히는 물건을 꺼내놓고 혼자 놀았던 듯하다. 무엇보다도 아이가 위험에 처해 있다. 물이 가득 담긴 큰 통에 머리가 박힌 상태다. 통에 들어가려 버둥거리다가 중심을 잃고 거꾸로 빠졌으리라.

여성이 일을 하는 순간 육아와 가사를 소홀히 할 수밖에 없다는 사고방식이 바탕에 깔린 그림이다. 일에 정신이 팔리면 집 안의 여러 일에 신경을 쓸 여유가 없어진다는 생각이 스며들어 있다. 당장 그림에서 아이가 통에 거꾸로 빠져 위험한 상황임에도 집필 작업에 집중하느라 전혀 알아채지 못하니 말이다. 이대로라면 큰일이 생길 게 분명해 보이고, 그 책임은 어머니에게 돌아간다. 더 정확히 말하자면 여성이 출산 후에도 직업을 계속 유지하는 선택으로 책임이 돌아간다.

여성이 직업과 육아를 병행해서는 안 된다는 사회 통념이 짙게 깔려 있다. 본성으로 규정되는 모성애와 본성과는 무관한 직업이 충돌할 때, 당연히 일을 그만두고 육아와 가사에 치중하라는 것이다. 남성이 직업을 비롯한 사회 활동을 독점하고 여성은 집 안일을 전담해야 한다는 사고방식이다.

이러한 통념이 얼마나 깊고 넓게 우리 의식을 지배하는지는 도미에의 그림이라는 점에서도 분명해 보인다. 도미에는 서양 미술사 전체를 통틀어서 가장 대표하는 풍자 화가다. 정치적 억압과 부패 등 사회에 대한 비판 정신이 풍부했다. 권위의 상징인 정치인, 판사와 변호사 등에 대한 신랄한 풍자로 유명하다. 심지어 당대 최고 권력자인 프랑스 왕조차도 비판에서 벗어나지 못했다.

정치와 사회의 다양한 주제에 대해 상당히 진보적인 생각을 가졌던 도미에조차 여성의 사회 활동에 대해서는 지극히 보수적임을 보여준다. 여성은 육아와 가사에만 집중해야 한다는 전통적 사고방식이 그림에서 가득 묻어난다.

사회는 모성애를 매개로 육아 책임을 여성에게 전적으로 부과해왔다. 언론은 물론이고 심지어 교육과정에서도 육아와 가사를 전담하는 여성을 결혼한 후의 이상적인 여성상으로 꼽았다. 아기를 탁아시설이나 타인의 손에 맡기고, 아침부터 저녁까지 직장 생활에 충실한 어머니에게는 곱지 않은 시선을 보냈다. 모성애라는 본성에 반하는 이기적인 여성이라는 평을 들어야 했다.

그 결과 직업을 가진 수많은 어머니가 심리적 압박감에 상당한 스트레스를 받아야 한다. 육아에 소홀하다는 말을 듣지 않기 위해 직장에 다니면서도 전업주부에 준하는 노력을 기울인다. 반대로 직장에서는 '아기 어머니가 어쩔 수 없지'라는 무언의 비난에서 벗어나려고 신경을 곤두세우고 일한다. 다른 사람보다 정신적, 육체적으로 에너지를 쏟아부어야 하지만 마음속에는 늘 의문과 죄책감이 불쑥 고개를 내민다.

사회가 여성에게 요구하는, 모성애라는 도덕적 의무감 때문이다.

내가 올바른 선택을 하고 잘하는지, 혹시라도 아이에게 상처를 주는 것은 아닌지, 좋은 어머니 노릇을 하고 있기는 한지 등 여러 상념이 머리에서 떠나지 않는다. 간혹 아이가 아프기라도 하면 마음은 더욱 복잡해진다. 자기 때문에 아이가 정상적인 성장을 못 하는 것은 아닌지 죄스러운 마음에 사로잡힌다.

비슷한 종류의 일을 하는 남성 직장인보다 더 큰 육체 피로와 스트레스에 시달린다. 직장에서의 일로 하루 노동이 끝나는 것이 아니기 때문이다. 퇴근 후 빠른 걸음으로 집 안에 들어서는 순간 가사 노동에 뛰어들어야 한다. 심지어 남들이 쉬면서 일주일의 피곤을 풀고 재충전하는 휴일에도 밀린 일에 매달려야 한다는 점에서 끝나지 않는 노동의 시간 속에서 살아간다.

직장을 다니는 어머니는 여기에 '모성 본성'이 유포하는 의무감이라는, 정신적 부담으로 인한 스트레스가 더해진다. 워낙 뿌리 깊은 토양을 갖고 있기 때문에 어떠한 사회적 부담보다도 무겁게 마음을 짓누른다. 부모와 주변 사람으로부터 조금이라도 아이에게 소홀하다는 책망을 들으면, '내가 혹시 아이를 사랑하지 않는 것은 아닌가?'라는 두려움이 엄습한다. 더군다나 아무리 힘들어도 아이를 미워할 수 없다는 점에서 더 복잡한 감정의 희생자로 살아야 한다.

◇

모성이라는 신화의 역사
- 섀리 엘 서러《어머니의 신화》

모성을 본성으로 보는 논리는 이 모든 어려움과 고통에 대해 여성이 불가피하게 감당해야 하는 '고귀한 희생'이라고 변호한다. 모성이라는 신비로운 본성을 지닌 존재로서 오히려 기쁘게 받아들이라고 설교한다. 그리고 한발 더 나아가 직장과 육아를 병행해서 생기는 문제니까 둘 중 하나만 선택하라고 충고한다. 당연히 모성을 지닌 여성이기에 전업주부로서 육아를 전담하고, 사회 활동은 남성이 맡아야 한다는 전형적인 성 역할 분담 논리를 내민다.

이런 논리가 타당한지를 검토하려면 일차적으로 정말 '여성은 모성애가 있다'는 규정, 모성이 여성의 본성인지를 규명해야 한다. 이와 관련해서는 미국 보스턴대학교 심리학 교수 섀리 엘 서러^{Shari L. Thurer}가《어머니의 신화》에서 주장한 내용이 좋은 참고가 된다. 서러에 의하면 모성애는 도덕적 의무로 강제되어 왔다. 그에 따라 모성애 덕목과는 다른 선택과 행위를 하는 여성에 대해 사회는 신랄한 비난을 퍼부었다. 문학작품에서도 흔히 발견된다. 서러가 보기에 셰익스피어의《햄릿》에서 햄릿의 어머니도 모성애가 없다며 부당한 취급을 받는다.

"햄릿은 아버지가 살해된 뒤에 너무나도 빠르고 행복하게 아버지의 동생과 결혼했다는 이유로 어머니를 용서할 수가 없다. … 왜 햄릿의 어머니는 자신의 '욕망'이 아들에게 부끄럽다는 이유만으로 인생의 새로운 단계를 허용받아서는 안 되는가? 보통 어머니의 성적 자질은 핵가족에게 위협을 준다. 하지만 성적 자질은 바로 인간의 조건이다."

미국 화가 에드윈 오스틴 애비^{Edwin Austin Abbey}(1852~1911)의 〈햄릿의 장면〉은 이와 관련된 상황을 잘 보여준다. 햄릿의 어머니 거트루드는 남편이 죽은 뒤 두 달이 지나 재혼한다. 자기 남편인 선왕의 죽음에 일말의 의심조차 안 품고 바로 남편의 동생과 결혼한 것이다. 햄릿은

에드윈 오스틴 애비, 〈햄릿의 장면〉, 1897년

그러한 어머니를 용서하지 않는다.

그림에는 어머니에 대한 햄릿의 분노가 담겨 있다. 상단에는 새롭게 왕좌에 오른 삼촌과 그의 왕비가 된 어머니가 보인다. 왕은 매우 불쾌한 표정과 위압적인 자세다. 어머니인 왕비는 동공이 열린 게 아닌가 싶을 정도로 눈을 크게 뜨고 한 손으로 턱을 만지고 있어서 당황하거나 경계하는 분위기가 역력하다. 무언가 어색하고 경직된 몸짓의 오필리아에 기대어 누워 있는 햄릿은 매서운 눈초리로 뒤편에 있는 왕과 어머니에 대한 불만을 숨기지 않는다.

《햄릿》에 나오는 유명한 장면의 묘사다. 햄릿은 아버지에 대한 살해 근거를 찾기 위해 배우들과 꾸며 궁정에서 연극을 올린다. 햄릿이 나타나자 왕이 "어떻게 지내는가?"라며 물었다. 햄릿은 왕의 이중적인 모습에 빗대어 "잘 지내죠, 카멜레온 요리를 먹고요"라며 퉁명스럽게 대답한다. 왕비는 자신의 옆자리를 가리키며 다정한 목소리로 햄릿을 부른다. "이리 오너라, 햄릿. 내 곁에 앉아라." 하지만 햄릿은 "아뇨, 어머님. 여기 더 끌리는 이가 있습니다"라며 차갑게 거절한다.

이어서 오필리아의 무릎에 누운 채 어머니를 향해 독설을 퍼붓는다. "우리 어머니가 얼마나 유쾌해 보이는지 보라고요. 아버님 돌아가신 지 두 시간 만에." 실제는 두 달이 지났지만 더 신랄하게 비난하려고 두 시간이라고 한다. 햄릿이 "세상은 잡초투성이 퇴락하는 정원, 본성이 조잡한 것들이 꽉 채우고 있구나. 약한 자여, 그대 이름은 여자로다"라며 토해낸 저 유명한 독백도 어머니를 향한 것이다.

그런데 서러에 의하면 햄릿의 어머니가 용서받지 못할 이유는 없다. 자신의 욕망을 위해 이르게 재혼하고, 새롭게 인생을 즐기는 선택이 비난받을 이유가 없다. 성적 만족을 추구하려는 경향이야말로 인간 본능에 해당하기에 부끄럽거나 사회적으로 손가락질을 받을 일이 아니다. 여성의 본질이 모성애에 있기에 자식이 독립할 때까지 자식을 위해서만 희생해야 한다는 논리가 오히려 부당하다.

햄릿의 예를 들기는 했지만 요즘 주변에서 접하는 경험도 그리 다르지 않다. 아이가 어려서 육아 과정에 있는 여성이 이혼이나 사별 후에 재혼하려고 할 때 주위의 따가운 시선을 마주해야 한다. 혹은 이혼하더라도 아기가 성장해 청소년이 되거나 대학에 들어간 후에나 하라는 충고를 들어야 한다. 아이를 가진 어머니의 일차적 의무는 육아여야 한다. 모성애에 우선 충분히 따르라고 한다. 자신의 욕구나 행복을 육아와 병행하려는 순간 스스로 '혹시 내가 나쁜 엄마가 아닌가?'라는 강박관념에 시달려야 한다.

나아가서 서러는 모성애를 본성으로 보는 관점 자체가 잘못이라고 한다. 인류 역사를 보더라도 근거가 희박한 주장이다. 모성애는 사실이 아니라 만들어진 신화에 불과하다. 특정한 이해관계에 따라 인위적으로 생겨난 사고방식이다.

"선사시대 여성은 자녀를 양육하긴 했지만 자녀에게 예속되지는 않았다. 자녀에 대한 절대적인 헌신이 요구된 것은 훨씬 뒤의 일이었다. … 여성의 임무 역시 남성의 사냥기술과 동등한 평가를 받았다.
… 유럽인들은 여성의 일을 다시 제한했다. 여성은 배타적으로 남편
의 정신적 동료이자 자녀의 어머니가 되었다. 게다가 초기 자본주의
의 결과로서 여성의 노동은 더 이상 현실적이거나 가치 있다고 간주
되지 않았다."

이에 의하면 여성은 본래 육아에 예속되어 있지는 않았다. 사실 우
리가 '문명'이라고 부르는 상태를 인류 전체의 역사로 보면 최근 일이
다. 인류 역사를 대략 백만 년이라고 할 때 문명은 불과 칠팔천 년 전
에 시작되었다. 압도적으로 대부분 시간을 구석기 원시공동체 상태
로 보냈다. 그간의 역사학과 문화인류학 연구에 의하면 원시공동체
는 모계사회였다.

모계사회에서 육아는 아이를 낳은 어머니의 개인 일이 아니었다.
오히려 남성이 육아에 적극적으로 나섰고, 좀 더 넓게는 씨족공동체
에서의 보호 역할을 담당했다. 그렇기 때문에 구석기 여성 조각상을
보면 임신한 여성은 자주 발견되지만 아이를 안고 있는 여성은 보이
지 않는다. 문명의 초기 상태이자 점차 부계제 사회로의 변화가 나타
나는 신석기 중반에 이르러서야 비로소 아이를 안고 있는, 여성상이
나타난다.

또한 여성의 활동이 남성의 일과 동등한 평가를 받았다. 여성이 담
당하는 채집 활동은 남성이 하는 사냥과 비교해 낮게 여겨지지 않았

세상을 왜곡시키는 말

다. 오히려 사냥보다도 여성이 숲에서 마련해 온 식물성 먹을거리에 의존해야 하는 날이 많았기 때문에 공동체 전체에서 볼 때 매우 비중이 큰 노동이었다.

고대 그리스의 경우를 봐도 모성애를 일반적인 경향으로 보기 어렵다. "5세기 아테네의 훌륭한 어머니는 자신이 양육하기로 선택한 자녀들만 좋아했다." 건강한 남자 아기를 선호했기 때문에 여자 아기를 유기하는 경우가 흔했다. 단지 백 가족당 한 가족 꼴로 한 명 이상의 딸을 키웠다. 자녀를 버리는 관습이 서구 문화에서는 다양한 형태로 중세까지 은밀히 지속되었다. 모성애로 표현되는, 무조건적이고 절대적인 자녀 사랑과는 거리가 있다.

또한 고대에서 중세에 이르기까지 유럽에서 유모가 아이를 키우는 관습이 널리 퍼져 있었다. 유모들은 아이가 성인기에 이를 때까지 가족과 함께 지냈다. 근대 유럽의 어머니들은 아이를 도시에서 멀리 떨어진 곳의 유모에게 보냈다. 아이는 어머니가 키워야 한다는 상식, 출산 직후부터 소년기까지 어머니가 밀착하는 방식의 관계는 유럽에서 근대 이후에 생긴 현상이라는 점에서도 모성애에 관한 현재 관념과는 다르다.

하지만 근대와 현대에 접어들어 모성애를 근거로 여성에게 육아를 전담시키려는 시도가 본격화된다. 특히 근대 이후에는 과학과 심리학의 권위를 빌어 모성애를 변치 않는 진리로 강요한다. 육아 전담이 여성의 운명임을 과학을 통해 강제한다.

우리를 속이는 말들

"진화론자들은 여성이 유전적 이유로 양육에 남성보다 더 크고 선천
적인 관심을 가진다고 주장했다. … 여성이 자궁에 의해서 지배받는
다고 생각했다. … 접촉이론은 어머니가 집에 있어야 한다고 주장했
다. 어머니와 아기의 유대가 강박관념이 되었다."

근대 과학과 심리학은 대체로 여성을 자녀의 어머니라는 시각으
로 좁혀놓는다. 먼저 과학의 이름으로 사회 전반에 가부장적 태도를
강화한다. 여성을 육아와 가사를 통해 가정에 가둠으로써 남성의 우
월성을 입증하는 첨병 역할을 한다. 진화론이라는 좁은 시야 안에서
여성의 능력은 번식 능력으로 제한된다.

여성이 출산과 양육을 통해 번식을 담당하는 존재로 이해된다. 남
성이 팔다리 근육과 정신을 담당하는 뇌를 통해 존재를 인정받는다
면, 여성은 오직 자궁에 의해 지배되는 존재가 된 것이다. 모성애를
자연 질서로 선포하고, 이 질서가 곧 사회 질서의 기본 원칙이 되어야
한다며 가부장제를 정당화하는 설교가 유행했다.

나아가 현대사회에 와서는 심리학이 모성애 논리를 더욱 강화한
다. 대부분 심리학 이론에 의하면 유아기의 경험이 한 사람의 의식과
무의식 형성에 가장 큰 영향을 준다. 특히 미국 중심의 개인심리학은
무의식에 미치는 사회 요인보다는 개별 가정에서 부모와 아이의 접
촉 경험을 중시한다. 어머니가 아이와 일상적으로 단절 없는 관계를
형성할 때, 아이가 정상적으로 성장한다. 어머니가 직장 생활 등으로

빈번하게 아이와의 접촉이 단절될 때 신경증을 비롯한 비정상적인 심리 상태를 갖는다. 결국 사회 활동은 남성에게 맡기고 여성이 집 안 일에 집중해야 아이가 바람직한 인격체로 성장한다는 주장이다.

하지만 앞에서 보았듯이 인류 역사에서 육아를 둘러싼 어머니의 역할 변화 과정을 고려할 때, 모성애는 본성이 아니라 역사적으로 특정한 조건에서 만들어진 것이다. 육아에 충실한 '좋은 어머니'라는 개념은 자연법칙이 아니라 인위적, 문화적으로 형성되어 왔다. 즉 자연의 산물이 아니라 사회적 필요의 산물, 그것도 가부장제라는 특정한 사회 질서의 산물이다.

자식을 향한 사랑의 감정이 만들어진 것이라는 의미가 아니다. 자식을 소중하게 여기는 감정은 남자든 여자든 당연한 경향이다. 문제는 모성애가 자식에 대한 부모의 사랑을 지칭하는 일반적 의미가 아니라는 점이다. 육아를 의무로 절대화해 여성을 가정에 가둠으로써, 남성의 자유와 지배력을 실현하려는 의도가 깔려 있다.

지난 수십 년 사이에 프랑스를 비롯해 유럽의 여러 나라에서는 자녀 양육을 개별 가정의 어머니가 아니라, 상당 부분 공공 육아를 통해 사회적으로 해결한다. 유럽 아이들이 어머니와의 단절 없는 접촉이 없다고 해서 비정상적인 심리 상태를 보인다는 어떤 증거도 없다. 오히려 경쟁에 찌든 한국과 미국의 아이들보다 더욱 안정적이고 풍부한 삶을 영위한다. 여성들은 출산 후에 직장 생활을 계속해야 하는지를 놓고 끝없는 고민에 빠져들지 않는다. 상대적으로 '좋은 어머니'라는 심리적 부담감 때문에 자기 감정을 학대하는 경향에서 벗어나 자기실현에 적극적이다.

적어도 모성애를 근거로 일방적으로 희생을 강요하는 태도가 여성에 대한 차별이자 억압이라는 점은 분명하다. 자식에 대한 사랑은 부모라면 남성과 여성 모두에게 공통적이고, 육아도 예외일 수 없다. 어머니라는 이름으로 여성에게 일방적 희생을 강요하는 태도는 어떤 이유로도 정당화하기 어렵다.

나아가서 아이들이 사회를 이끌어나갈 다음 세대라는 점에서 육아는 사회적 성격도 함께 지닌다. 현대사회에서 육아의 공공성 강화는 피할 수 없는 방향이다. 아이들을 위해 희생이 필요하다면 남성과 여성 모두에게, 나아가서는 사회적으로 공유되어야 한다.

{ 참고 도서 }

- 리처드 도킨스,《이기적 유전자》, 홍영남, 이상임 옮김, 을유 문화사, 2018.
- 매트 리들리,《이타적 유전자》, 신좌섭 옮김, 사이언스북스, 2001.
- 박상훈,《정당의 발견》, 후마니타스, 2017.
- 바실리 칸딘스키,《점·선·면》, 차봉희 옮김, 열화당, 2019.
- 빅토르 위고,《레 미제라블》, 정기수 옮김, 민음사, 2012.
- 섀리 엘 서러,《어머니의 신화》, 박미경 옮김, 까치, 1995.
- 앨리 러셀 혹실드,《감정노동》, 이가람 옮김, 이매진, 2009.
- 에리히 프롬,《소유냐 존재냐》, 차경아 옮김, 까치, 2020.
- 제러미 벤담,《도덕과 입법의 원리 서설》, 고정식 옮김, 나남, 2011.
- 조지프 피시킨,《병목사회》, 유강은 옮김, 문예출판사, 2016.
- 존 더 그라프, 데이비드 왠, 토머스 네일러,《어플루엔자》, 박웅희 옮김, 한숲출판사, 2004.
- 질 들뢰즈, 펠릭스 가타리,《안티 오이디푸스》, 김재인 옮김, 민음사, 2014.
- 키케로,《노년에 관하여 우정에 관하여》, 천병희 옮김, 숲, 2005.
- 톨스토이,《예술이란 무엇인가》, 동완 옮김, 신원문화사, 2007.
- 플라톤,《테아이테토스》, 정준영 옮김, 이제이북스, 2013.
- 한나 아렌트,《인간의 조건》, 이진우 옮김, 한길사, 2017.
- 헤르베르트 마르쿠제,《일차원적 인간》, 박병진 옮김, 한마음사, 2009.

{ 도판 목록 }

- 게오르크 숄츠, 〈카페(Café)〉, 종이에 수채, 연필, 30×49cm, 1921.
- 그랜트 우드, 〈아메리칸 고딕(American Gothic)〉, 비버 보드에 유채, 74.5×62.5cm, 1930.
- 김홍도, 〈서당〉, 종이에 담채, 26.9×22.2cm, 18세기 후반.
- 라파엘로 산치오, 〈아테네 학당(Scuola di Atene)-부분〉, 프레스코화, 500×770cm, 1511.
- 라파엘로 산치오, 〈임신한 여인(La Donna Gravida)〉, 목판에 유채, 66×52cm, 1506.
- 바실리 칸딘스키, 〈무제(Ohne Titel)〉, 종이에 수채, 펜, 잉크, 45×33cm, 1923.
- 아돌프 멘첼, 〈쇠 압연 공장(Eisenwalzwerk)〉, 캔버스에 유채, 158×254cm, 1875.
- 에곤 실레, 〈검은 질그릇이 있는 자화상(Self-Portrait with Black Vase and Spread

Fingers)〉, 목판에 유채, 34×27.5cm, 1911.

- 에두아르 마네, 〈카페 콘서트(Café-Concert)〉, 캔버스에 유채, 47.5×39.2cm, 1878.
- 에드윈 오스틴 애비, 〈햄릿의 장면(The Play Scene in Hamlet)〉, 캔버스에 유채, 155.6× 245.1cm, 1897.
- 오노레 도미에, 〈7월의 영웅(Un Héros de Juillet)〉, 석판화, 31.8×24.1cm, 1831.
- 오노레 도미에, 〈가정과 아이를 소홀히 하는 여류 작가(La Mere est dans le Feu de la Composition)〉, 석판화, 23.3×19cm, 1844.
- 오노레 도미에, 〈의회의 배(Le Ventre Législatif)〉, 석판화, 30.5×45.2cm, 1834.
- 장 바티스트 시메옹 샤르댕, 〈오슬레 놀이(Les Osselets)〉, 캔버스에 유채, 81.9×65.6cm, 1734.
- 장 바티스트 시메옹 샤르댕, 〈차 마시는 여인(Une dame qui prend du thé)〉, 캔버스에 유채, 80×101cm, 1735.
- 장 프랑수아 밀레, 〈만종(L'Angélus)〉, 캔버스에 유채, 55.5×66cm, 1859.
- 제임스 앙소르, 〈1889년 브뤼셀에 입성하는 그리스도(L'Entrée du Christ à Bruxelles)〉, 캔버스에 유채, 253×431cm, 1888.
- 카스파르 다비드 프리드리히, 〈안개 바다 위의 방랑자(Der Wanderer über dem Nebelmeer)〉, 캔버스에 유채, 98×74cm, 1818.
- 테오도르 제리코 〈도벽환자의 초상(Portrait of a Kleptomaniac)〉, 캔버스에 유채, 61×50cm, 1823.
- 토마 쿠튀르, 〈황금 사랑(La Soif de l'or)〉, 캔버스에 유채, 152×189.5cm, 1844.
- 토머스 내스트, 〈1865년에 리치먼드로 들어서는 링컨(President Lincoln in Richmond)〉, 목판화, 36.8×52.7cm, 1866.
- 프란시스코 고야, 〈개(Perro semihundido)〉, 캔버스에 유채, 134×80cm, 1823.
- 프랑수아 부셰, 〈몸단장(La Toilette)〉, 캔버스에 유채, 53×67cm, 1742.
- 프랭크 딕시, 〈로미오와 줄리엣(Romeo and Juliet)〉, 캔버스에 유채, 171×118cm, 1884.
- 해럴드 라비노버츠, 〈저녁(Eventide)〉, 캔버스에 유채, 61×43cm, 1936.
- 해럴드 하비, 〈미술 비평가들(The Critics)〉, 캔버스에 유채, 60×76cm, 1922.

우리를 속이는 말들

초판 1쇄 발행 2020년 6월 30일

지은이 박홍순
펴낸이 권미경
편집 김효단
마케팅 심지훈, 강소연, 김재영
디자인 [★]규
펴낸곳 ㈜웨일북
등록 2015년 10월 12일 제2015-000316호
주소 서울시 마포구 월드컵로32길 22, 비에스빌딩 5층
전화 02-322-7187 **팩스** 02-337-8187
메일 sea@whalebook.co.kr **페이스북** facebook.com/whalebooks

ⓒ 박홍순, 2020
ISBN 979-11-90313-39-1 03700

소중한 원고를 보내주세요.
좋은 저자에게서 좋은 책이 나온다는 믿음으로, 항상 진심을 다해 구하겠습니다.

이 도서의 국립중앙도서관 출판예정도서목록(CIP)은
서지정보유통지원시스템 홈페이지(http://seoji.nl.go.kr)와
국가자료공동목록시스템(http://www.nl.go.kr/kolisnet)에서 이용하실 수 있습니다.
(CIP제어번호: CIP2020024719)